온 사람136 일곱 번째

절대

자기 가치 계속 높이기

은퇴하지

마!

꿈꾸는 소년 씀

PSC
PURUN SEOUL CORPORATION

추천사

황병수 님의 '온 사람'은 그 분의 일대역작이라는 생각이 든다. 한 사람을 개인과 가정, 사회와 국가, 민족과 세계에 공헌하며 행복하게 살아갈 수 있는 '온 사람'이 되게 할 목적으로 성경과 과학을 넘나들며 연구한 결과를 종합한 것인데, 아기가 잉태되기 전 부터 잉태를 위한 부모의 준비, 잉태 후 지속적 관리, 출산 후 단계별로 성인이 되어서 까지 성장과 성숙을 위한 구체적인 실천을 제안했다.

7권의 방대한 자료는 '온 사람'의 필요성을 절실하게 느끼며 이 나라의 현재와 미래 국민을 '온 사람'으로 만드는 개혁적 변화가 있어야 함을 주장하고 있다. 이 책은 한 권의 연구서라기보다는 인간에 대한 저자의 철학적 체계라고 본다.

저자는 이미 많은 책을 저작 출간한 적이 있다. 그러나 과거의 어떤 저서보다도 이 '온 사람'이야 말로 전 생애 동안 연구한 모든 자료를 총망라한 종합적 최후의 역작으로 보고 싶다. 인간 생성 전부터 마지막까지 '온 사람'이 되기 위해 구체적으로 실천할 수 있는 방법을 하나씩 제시하고 있다. 단, 여기에 제시된 과학적 증거가 학자들의 실험은 끝났지만 광범위하게 알려지지 않아, 비밀 같고 신비스러운 것도 있지만, 과학은 정상 인 경우 누구에게나 동일하므로 확신하고 적용하면 된다.

'온 사람'이 될 수 있는 가능성을 체계적, 단계적, 구체적으로 제시해 준 최초의 작품이라 놀라우며, 사람을 다루는 모든 분들, 결혼을 계획하는 젊은이들과 부모, 유치원과 초중고 학교 선생, 교수, 의사, 간호사, 인류학자, 생물학자, 사회학자, 사회복지사, 사회사업가, 종교 인, 윤리학자, 상담전문인, 심리학자, 결혼상담자 등 사람의 문제를 다루는 모든 이들에게 이 흥미로운 역작을 권하는 바이다.

김상복
ThD, DLitt, DD, 횃불 트리니티 신대원대학교 명예총장,
할렐루야교회 원로목사

추천사

저자 "꿈꾸는 소년"은 인적자원개발과 성과관리 전문가로, 추천자가 연구한 "양자의학"에 매료되어, 이를 삶에 적용하면 큰 득이 된다는 사실을 알고, 다른 과학을 섭렵하고 통섭하여 "온 사람 136"이라는 아름답고 거대한 보석을 만들었습니다. 저자는 학문을 매일 적용해야 참 지식이라 보  고, 7권의 실천 매뉴얼을 썼는데, 추천자의 전문인 양자의학과 자연치유력을 대중들에게 전파하는 것이라, 추천자는 정말 행복합니다. 그 7권은 아래와 같이 눈이 부실 정도로 아름다운 보석입니다.

1. 아주 탁월한 후손을 임신하기 위해 부부가 6개월간 실천할 것
2. 온 가족이 행복하게 자연원리에 따라 과학적으로 태교하기
3. 만 12살까지 다 갖춘 바람직한 사람이 되게 돕는 人場 매뉴얼
4. 청소년까지 가르치기보다 잘 배우도록 돕는 교육 패러다임 바꾸기
5. 회복탄력성을 적용해 늘 새사람이 되게 하는 꿈 이루는 과학
6. 사람의 본래 사명을 다 하는 돕고 나누며 기여하기
7. 생명체와 사람의 본질을 실천하는 일생 자기가치 높이기

지금 우리나라는 개인과 국가의 높은 경쟁력이 절실한 때, 주옥같은 실천사항들을 발표하니, 국민들로서는 대단히 감사합니다. 저자는 과학자들이 실험으로 다 증명했지만, 비밀 같은 것들을, 소상하게 보통사람들의 삶과 연결시켰습니다. 또 "온 사람136"으로 일생 건강하고 인품이 탁월한 천재들이 자라서, 2050년 후에는 한국인이 학문적 노벨상을 휩쓸고, 온 나라가 자연원리대로 상생공존하며, 홍익인간을 실현해서, 세계를 리드하고 영향력이 막대하게 된다는 꿈을 그렸습니다.

이 꿈은 이미 증명된 과학적 사실이므로, 누구나 다 거대한 복을 만끽하면서 자신의 사명을 다 하는 독특한 삶을 살 것으로 확신하며, 일독(一讀)을 권하는 바입니다.

강 길 전
충남의대 명예교수, 의학박사,
'여성생식내분비학', '양자의학', '대체의학의 이론과 실제', '자연치유력을 키워라' 등 저술

CONTENTS

여는 글

"절대 은퇴하지 마!"는 자연법칙이다. 사람의 의욕이나 의도가 아니다. 자연은 사람이 아주 건강하고 부유하며 탁월하여 나누며 살아서 행복하도록 다 갖추었고 그렇도록 보장해준다. 그 혜택을 몰라서 온갖 고생을 한다. 사람은 누구나 출생 후 성장 환경에서 생긴 소신대로 살아간다. 그러다보니 때로는 아주 편협하고 왜곡되어 고생도 하지만 돈이나 시간은 물론 삶 자체를 낭비도 많이 한다.

그 한 예가 약을 달고 살거나, 의사나 간호사도 아니면서 병원에 출퇴근하는 사람들이다. 30대에 형편 좋다고 먹고 마시고, 하고 싶은 것 다 하다가, 50대 들면서 중풍으로 스러지는 것도 그 예다. 아예 청소년 때 비만에 날숨 들숨하기도 한다. 이 어느 것도 절대 팔자소관이나 불가피한 경우도 아니고 우연도 아니다. 부모나 자기가 그저 무심하게 산 결과다.

그럼 어쩌란 말인가? 사람은 자연법칙을 제대로 알고 순응하면 일생을 안전하고 건강하며 풍요롭게 살 수 있다. 그게 원래 사람의 기본 사양이다. 그런 사람사용설명서가 자연현상에 많이 숨겨져 있고, 과학자들이 하나 둘 밝혀내고 있다. 그 중 아주 귀하고 유용한 것이 양자물리학과 그를 근거로 한 양자의학, 그리고 후성유전학과 기술발달에 힘입은 신경과학 등이다. 미립자 세계로 자연의 특혜를 알려준 양자물리학이 정말 고맙다.

세상에는 몰라서 고생하는 사람, 알고도 실천을 안 해서 패가망신하는 사람도 많다. 그냥 자기가 아는 것이 다 인줄로 착각하여 외로운 삶을 사는 사람도 흔하다. 그래서 이 책은 이래저래 잘못된 생각이나 습관 또는 주위의 눈치에 갇혀, 자유도 평화도 건강도 못 누리는 사람들을 해방시키기 위한 것이다. 바이블과 양자의학과 후성유전학과 신경과학 등, 가장 오래된 책과 가장 최근의 책에서 사람사용설명에 관한 것을 뽑아봤다.

자동차 몰라도, 이동통신 몰라도, TV나 방송 전혀 몰라도, 엄청 즐길 수 있다. 그와 똑 같이 세포와 DNA에 대해 아무 것도 몰라도 그냥 일상생활에 적용하면 되게 했다. 굳이 알고 싶은 사람들 실망하지 않을 만큼 과학적 사실을 조금씩 넣어 두었다. 어려운 것은 안 읽어도 된다. 삶에서 실천해서 득을 봐야 할 것만 행동하면 된다.

창조력개발 책 맨 마지막에 이런 글이 있었다. "섹스에 대한 이야기를 듣고 즐길 수 있다. 섹스에 대한 책을 읽고 흥분할 수도 있다. 섹스 영화를 보며 많은 것을 배울 수도 있다. 그러나 섹스의 참 맛은 반드시 실행해봐야 알 수 있다!" 이 책은 안전하고 건강하며 풍요로운 삶에 관한 것이 아니라 그 자체다! 생명이 있는 한 절대 은퇴하지 마! 죽는 날까지 일해라, 그게 바람직한 삶이다. 일하지 않으니까 병 걸리고, 빨리 늙는다!

나는 왜 태어났을까? 내가 왜 공부를 해야 하나? 왜 이 고통스러운 세상을 살아야 되나? 왜 아등바등 욕먹어가며 직장 생활해야 되나? 그 답도 여기에 있다. 내가 이 자리에서 얼마나 일할 수 있을까? 내가 평생 하고 싶은 일을 할 수는 없을까? 그 답도 있다.

2016.5. 꿈꾸는 소년

조금은 생소한 내용과 까다로운 이미지 작업에 몰입해주신 출판관계자 모든 분들에게 깊이 감사드리고, 그 성심과 전문성으로 인한 복이 계속 더 커지기를 진심으로 기원합니다. 또 "책에 포함된 양자물리 양자의학 후성유전학과 관련된 내용은 거의 강길전 박사의 강의 내용을 인용한 것"입니다. 크게 감사드립니다!

매뉴얼 실천하면 이루어질 모습

• 완전한 건강을 누린다

• 완전한 평강을 누린다

• 완전한 지혜를 구사한다

• 최적의 풍요를 누린다

• 자신의 가치가 지속적으로 향상된다

• 항상 매사에 안전하다

• 막강한 영향력을 행사한다

• 가족과 친지 및 지인들이 신뢰한다

• 항상 새로운 일을 전개한다

• 언제나 자신 있고 만족하게 산다

절절히 감사하며 살자!

왜 감사해야 되나?

감사는 반드시 실천해야 할 자연법칙이다. 작용에는 반작용이 있다는 물리법칙 때문이다. 메아리와 같이 사람의 모든 생각이나 말과 행동은 보내는 대로 다시 돌아온다. 가는 말이 고와야 오는 말도 곱다는 속담도 맞다. 양자물리학은 사람의 생각은 에너지 파동이라, 자신의 신체 내부는 물론 외부로도 전파되어, 같은 파동을 끌어온다고 한다. 이를 끌어당김의 법칙이라고 해서 같은 파동은 끌어당겨 더 많이 가져오기 때문에, 감사를 보내면 감사가 더 많아진다.

바이블은 "모든 것을 감사하라! 이것은 인간이 반드시 지켜야 할 우주의 법칙"이라고 했다. 그냥 감사가 아니라 모든 일에 감사하라고 했다. "모든 것"에는 "항상"이란 의미도 있다. 그래서 항상 모든 것에 감사하란 의미다. 좋은 일에도 감사하고 나쁜 듯 보여도 감사하며, 큰일에도, 작은 일에도, 어려워도 감사 쉬워도 감사, 아파도 감사 슬퍼도 감사하라는 의미다. 다시 말해 감사하지 않고 지나치는 것이 하나도 없게 하라는 것이다. 그래야 물리법칙대로 좋은 것이 더 많이 오기 때문이다.

감사해야 할 또 하나의 자연원칙은 생물특성 중 하나다. 생물은 반드시 환경을 인식하고 환경에 반응해야 된다. 환경으로부터 영향을 받거나 주면서 살게 되어있다. 자신이 처한 환경이 어떻든 그것을 무심하게 보지 말고 내게 유익한 면을 보고 감사하면 역시 물리법칙과 합해서 내게 유익한 것을 준다. 내가 살아있다면 반드시 감사해야 된다. 이제 바이블의 권유와, 생물학이 말하는 생명의 특성과, 양자물리학이 말하는 같은 파동의 끌어당김 원칙을 삶에 적용하자. 그래서 대박내자!

그런데 이 놀라운 사실을 사람들은 잘 몰랐고 알아도 믿질 않았으며, 실천하는 사람이 별로 없었다. 세기가 여러 번 바뀌어서 겨우 2006년에야 론다 번이 시크릿(secret)이라는 책을 쓰고, 영화도 만들어서 전 세계에 알려졌다. 그 시점에 미국의 유명한 토크쇼의

계곡에서 이 산을 향해 고함치면 반드시 돌아온다

여왕 오프라 윈프리가, 전 세계에 방영되는 TV에 장장 두 시간의 생방송대담 주제로, 시크릿을 다루면서, 이미 시크릿을 적용하여 대박을 터뜨린 사람 다수를 출연시켜 증언하게 했다. 그런 폭발에 따라 그 후 시크릿은 여러 나라에서 번역되었고, 한국에도 들어와 많은 사람이 읽었다.

여기서 끝나는 것이 아니라, 론다 번은 시크릿에 이어 파워(the Power)란 책도 히트했고, 마법(the Magic)이란 책을 또 썼다. 마법에는 일상에서 실천할 것을 권하는 다이어리까지 부록으로 만들어서 실천을 권유했다. 그런데 그 저자가 왜 이런 책을 계속 한 주제로 쓰고 있을까? 그는 이 책을 통해 물론 졸부가 되었고, 여러 사람을 살리는 기막힌 일을 계속하고 있다.

그의 소신으로는 "시크릿"을 적용했더니, "파워"가 생겨서 엄청난 일을 할 수 있었고, 그래서 그 파워가 바로 모든 것을 이루게 하는 "마법"이라고 확신했으며, 그런 증거가 많지만, 무엇보다 항상

내게서 나가는 파동 그대로 돌아온다

감사를 실천한 저자 자신을 보면 된다는 것이다.

　　감사가 뇌에 미치는 영향을 특별히 연구한 정신의학자이며 신경과학자인 에이멘 박사는, "감사하는 마음을 가지면 생리적 작용에 의해 사람의 몸과 마음은 서로 상승작용을 일으켜 신체와 정신의 웰빙 상태가 된다"고 했다. 감사할 때는 뇌의 혈액량이 크게 증가하여 뇌 활동이 활발해지고 모든 부위가 최대한의 기능을 발휘하므로, 모든 일이 생각하는 대로 이루어진다는 것이 증명되었다. 생각이나 감정 또는 행동은 뇌기능에 직접영향을 미친다는 것을 방사선 단층촬영으로 확인한 것이다. 부정적인 생각이나 감정에 사로잡힐 때는 전체적으로 혈액량이 감소하였는데, 소뇌의 혈액량이 크게 줄어 논리적 사고가 어려웠다. 또한 오른쪽의 좌뇌 피질활동이 일시적으로 거의 정지된다는 사실도 알았다.

무엇에 감사해야 되나?

건강에 감사

50억 원짜리 람보르기니가 세상에서 자기가 가장 잘 난 자동차라고 뻐기면 사람들이 얼마나 웃을까? 정말 가소롭다. 람보르기니나 티코나 쇳덩어리와 플라스틱과 천이나 가죽으로 조립된 것뿐이다. 자동차는 만든 사람이 더 잘났고, 또 그것을 타는 사람도 잘난 채 할 수 있다.

그러나 자동차 자신이 잘났다고 뻐길 수는 없다. 자동차는 다만 만들어졌을 뿐이기 때문이다. 자동차가 아무리 비싸고 편리해도 자기가 스스로 태어났거나, 자기가 성능이 더 좋게 한 것이 아니다. 게다가 연료가 없거나 운전하는 사람이 없으면 그냥 박물관에나 필요할 뿐이다. 그런 차가 스스로 잘난 채 해봐야 아무 의미가 없다.

사람들이 살아있다는 것이나 건강하게 사는 것도 자동차와 비슷하다. 누가 스스로 계획해서 예쁘게 났거나, 더 똑똑한 것이 아니다. 다만 부모를 통해서 그렇게 세상에 보내졌을 뿐이고, 여러 사람의 도움으로 그렇게 자랐을 뿐이다. 그리고 생명과 건강한 삶을 누릴 기회를 얻은 것뿐이다.

그래서 생명과 건강 그 자체에 대해 감사하지 않는 것은, 스스로 제 잘났다고 뻐기는 자동차나 다를 바 없다. 사람이 하나의 생명체로 태어나는 데는 자기 자신이 의도하거나 노력한 것이 아무 것도 없다. 생명도 몸도 건강도 특별한 목적을 위해 주어진 것이다. 그 목적이 바로 이웃을 돕는 것이고, 자신이 사는 주위 환경을 더 좋게 하는 것이다.

따라서 누구든 생명은 자신의 것이 아니다. 생명이 자신의 것이 아니면 아무리 예쁜 몸매나 억센 근육도 자신의 것이 아니고, 건강도 자신의 것이 아니다. 몸과 건강이 자신의 것이 아니라면, 자기가 가진 재능이나 경험도 당연히 자신의 것이 아니다. 뿐만 아니라 자신의 기술이나 지식도 당연히 자신의 것이 아니다. 이렇게 파고들면 자신의 것이 아무 것도 없는데도 우리는 완전히 자신의 것으로 착각하고 전혀 감사하지 않는다.

이제 내가 누리는 생명과 신체와 건강과 재능과 전문지식과 기술 및 온갖 경험 등을 감사하자. 가끔 자살하는 사람도 있긴 해도 원래 우리는 아무도 자신의 생명을 만들거나 좌지우지 할 수 없다. 뿐만 아니라 자신의 신체를 구성하고 있는 세포 단 하나도 만들 수 없고, 어쩌다 손상되어도 맘대로 고칠 수도 없다. 이렇게 고귀한 생명체는 선한 의도를 가진 수많은 미립자들이 모여 완벽한 질서를

생명과 의식 있음에 감사하자

유지하며 생겼다. 그 작은 입자들이 자신들의 미래 방향을 알고, 유익한 목적을 이루려고 모였다.

그 입자들이 바로 쿼크인데 우주에서 가장 강한 힘에 끌려, 양성자와 중성자가 되고, 그들이 핵을 이루며, 그 핵이 전자와 합해서 원자가 되고, 원자는 다시 다른 원자와 합해서 분자가 되며, 분자는 다시 다른 분자와 합해서 세포가 된다. 우리는 세포부터 생명체라고 한다. 사람의 몸은 대체로 60~100조개의 세포로 되어 있다. 그런데 실제로는 세포보다 훨씬 더 먼저 분자나 원자 및 양자가 활동을 해서 세포가 생겼다. 그래서 생명체는 물질과 물질을 움직이는 에너지가 합하고, 합하는 방향이나 활동을 지시하는 정보가 더해서 생긴다는 것이 과학의 말이다.

그런데 우리는 이 생명을 누리고 살지만 아무도 세포는 물론 분자도 원자도 양자도 만들지 못한다. 뿐만 아니라 그것들이 활동하게 하는 에너지도 못 만든다. 게다가 그들의 활동방향이나 상태를 결정하는 정보는 더욱 더 못 만든다. 그러면서도 우리는 생명을 누리고 있으니 이 얼마나 고마운가! 그래서 감사하자는 것이다. 생명자체가 귀하다는 것도 그런 의미다.

쇳덩어리들에게 전기나 기름이라는 에너지가 합하고 그것을 합하게 한 사람들의 지식과 지혜가 있어서 자

낙엽도 못 만드는 우리

동차의 엔진이 만들어지는 것과 같다. 말이 자동차(自動車)이지 그것은 사람이 움직이는 인동차(人動車)이거나 타동차(他動車)라고 해야 된다.

　　나의 생명과 건강을 유지하는 세포 속의 프로그램(DNA)에 감사하자. 세포를 구성하는 서로 다른 분자에 감사하자. 그 분자들을 형성하는 원자 각각에 감사하자. 그리고 그 원자 안에 있는 전자와 핵에게 감사하자. 또 핵 속에 있는 양성자와 중성자, 그리고 내 몸의 형태를 실질적으로 아름답고 튼튼하게 유지시키고 있는 쿼크들에게 감사하자! 아무리 감사해도 지나치지 않는다! 나의 의도와 노력은 전혀 없이 내가 누리기 때문이다.

가족과 사람에게 감사!

　　세상은 사람을 위해 있고 사람은 세상을 위해 있다. 내가 난 것도 사람을 통해서고 내가 자라는 것도 사람들의 도움으로 되었다. 나 아닌 다른 사람이 없으면 내가 살 수 없고 굳이 살 의미도 필요도 없다. 이것은 모두가 서로에게 똑 같다. 내가 있는 것은 가족이 있기 때문이다. 부모가 있어서 자녀가 태어났고, 자녀가 있으니까 부모도 있으며 그래서 행복도 느낀다. 형제와 자매가 있어서 정을 나눌 수 있다. 가끔은 사람이 귀찮고 무서울 때가 있지만 사람이 있어서 가치와 의미를 찾고 행복을 느낀다.

　　6개월이나 벌이가 없어서 기가 다 빠진 사람도 아내 때문에 행복하고, 아이들 때문에 살 의욕이 있으며, 친구가 있어서 아픔을 이기고 있다. 우리는 사람이 있어서 삶의 의미도 찾고, 사람이 있어서 일도 있으며, 사람이 있어서 막대한 힘을 내기도 한다. 사람이 있어서 재미도 있고 사람이 있어서 희망도 있다. 삶이 바로 사람이기 때문이다. 사람이 아니거나 사람이 없으면 삶이 필요 없고 삶이 있을 수도 없다.

가족과 가정의 따뜻함

내 곁에 사람이 있다는 것을 감사하자! 나를 사랑하는 사람에게 감사하고, 나를 미워하더라도 감사하자. 그가 싫어하는 것을 내가 안 하도록 나를 다듬어 주니까 감사하다. 어떤 집단에도 한 사람 쯤은 까칠한 사람이 있다. 그런데 그가 꼭 필요한 사람이라 자연이 거기에다 넣어둔 사람이다.

자연이 다른 사람을 더 교양 있고 너그러운 사람으로 다듬기 위해 넣어둔다. 고통을 통해 인내를 배우고, 까다로운 사람을 통해 예의와 양보를 배우며, 무서운 사람을 통해 타협도 배운다. 그래서 세상에는 아무도 버릴 사람이 없다고 한다. 사람을 감사하자! 세 사람이 모이면 거기에는 반드시 배울 것이 있고 나의 선생님도 있을 수 있다고 한다. 내가 편리하고 안전하며 내가 풍요롭게 살게 하는 것도 사람이다.

자연에 감사하자!

사고로 심각한 부상을 당했거나 중병환자가 병원에서 산소를

자연과 사람들이 감사하다

공급받는 경우 그 값이 대체로 시간당 무려 11달러가 넘는다고 한다. 이를 그냥 11달러로만 계산해도 우리는 매일 274달러나 되는 산소를 그냥 마신다. 30일이면 8,220달러에 매년 우리가 마시는 산소 값이 무려 10만 달러에 육박한다. 그런데 누가 숨 쉬면서 산소 값을 낸 사람이 있는가?

대낮에 우리가 쓰는 햇빛 값을 내라면 얼마나 물어야 될까? 태양이 주는 열값은 또 얼마나 될까? 산들 바람이 주는 보드라움과 평안함, 구름이 가려주는 시원함은 무엇으로 어떻게 계산할 것인가? 평당 1억이 넘는 땅을 아무리 밟고 뛰어도 한 푼도 안 낸다. 아무리 넓고 좋은 길이라도 길 값을 내고 걷는 경우는 특별히 조성한 공원 외에는 없다.

이렇게 우리가 누리는 자연환경은 가장 귀한 것이며 없으면 못 사는 것을 공짜로 누리므로 감사해야 된다. 자연의 고마움을 알고 자연에 감사하는 마음은 참으로 순수하고 겸허하며 예의 바르다. 최소한 그 정도의 양심은 있어야 사람이 아닌가 싶다. 사람이 없어도 자연은 아무런 이상이 없이 존재할 수 있지만, 자연이 없으면 사람은 아무데도 살 수 없다.

빛, 공기, 땅, 산, 들, 물, 식물, 동물, 비, 바람, 눈, 구름, 자갈, 모래 등 모든 것이 다 사람이 살아가는데 필요한 자원이다. 이 거대한 공짜에 대해 고마움을 모르는 것은 결국 우리의 생각이 모자라기 때문이거나 너무 오만해서 그렇다. 은혜를 알아야 된다. 실제로 공기의 흐름이나 자연의 조화가 없으면 사람은 질식하는 상태가 된다. 심지어 거대한 태풍도 바다의 자원을 풍요롭게 하고, 환경의 정화작용을 한다니 얼마나 고마운가!

우주공간에 떠 있는 나를 든든하고 안전하게 잡아주는 땅이 감사하다. 아무리 발로 차고 밟고 짓이겨도 아야 소리도 않는 흙이 정말 감사하다. 내가 맘껏 숨 쉴 수 있는 공기가 감사하다. 눈이 편안하게 볼 수 있는 빛과 볕이 감사하다. 푸른 산, 맑은 생수, 흐르는

억수로 퍼붓는 비에 감사해

강물, 청정 바다 그 맛과 효용에 감사하라! 땅을 밟고, 공짜로 뛰고 뒹굴고 차고, 그래도 품어주는 땅에 한 없이 감사해야 된다. 자연 속의 동물식물과 산, 들, 새, 짐승, 벌레, 곤충, 물고기, 개구리 등에 감사하자. 그들이 우리의 정서를 얼마나 순화시키는지 모른다.

이 모든 생물을 살게 하는 물에는 더욱 감사하자. 생물은 다 물에서 생기고 물 때문에 살 수 있다. 물이 없으면 동식물을 막론하고 생명체가 있을 수 없다. 물이 있어 생명체가 생겼고 생명이 지구를 푸르게 한다. 물이 싹을 틔우고 잎을 피우며 꽃과 꿀도 만들고 그래서 열매도 맺는다. 물은 숲을 이루고 식물을 소생시키며, 수많은 동식물들을 번식시키며 자라게 한다.

생명체의 에너지는 대부분 물에서 온다. 어떤 학자가 분석한 자료를 보면 오이 96%, 수박 92%, 우유 87%, 사과 84%, 감자 78%, 쇠고기 74%, 치즈 40%, 빵 35%가 물이라고 한다. 산업의 자원이 되는 물, 아름다움이 되는 물, 어마어마한 에너지를 생산하는 물 등 거대한 유익을 주는 물은 다 공짜로 누린다. 그런데 사람은 물통이라고 할 만큼 몸의 75%가 물이다. 그래서 식수는 비록 적지만 값을 내고 먹는다.

국가와 정치 행정 시스템에 감사하자

예수와 붓다에서 한 글자씩 따서 이름을 지은 예다씨는 1991년생이다. 한국인 남자에게 주어진 병역의무를 거부하고 비교적 사회보장 제도가 좋다는 프랑스로 도피했다. 천신만고 끝에 무려 7개월의 기다림 끝에 겨우 난민 자격을 얻었다. 그래도 그의 삶은 겨우

무섭게 우거지고 펼쳐진 자연에 감사

프랑스인들이 혐오하고 싫어하는 일을 하면서 산다고 자유의 탄식을 하고 있다. 프랑스니까 정식 취업은 안 되어도 생존은 어느 정도 보장 되지만, 수준이 낮은 국가는 그런 것도 어렵다. 우선 의사소통이 잘 안되니 무시당한다는 경우도 많다.

어떻든 국적이 없으면 지구상의 미아가 될 뿐이다. 오래 전에 어떤 코미디언이 "인간아, 지구를 떠나라!"라고 한 말이 유행했다. 지구를 떠나면 그냥 죽음이지 살 길이 없다. 그만큼 국가와 사회제도에 고마워하자.

이제는 여행은 물론 무역과 스포츠와 더불어 문화와 각종 교류가 워낙 많기 때문에 다른 나라를 모르고 살기는 어렵다. 이런 현상은 꼭 경제나 외교 등 국가수준에서만 그런 것이 아니라 개인의 삶에도 같다. 만약에 국적이 없으면 여행은 물론 어느 곳에도 존재할 수가 없다. 혹시 순간적으로 난민 대우를 받으면서 살 수는 있겠지만 온전한 권리행사나 보호를 받을 수가 없다.

나라가 없다는 것은 개인이 부모가 없는 것과 큰 차이가 없다. 오히려 부모가 없으면 국가가 책임을 지기도 하지만 자신의 국가가 없으면 아무도 보호해주지 않는다. 이 세상 어디에서도 국적이 없으면 일단 신분 확인이 안 된다. 그 다음은 한 국가의 국민으로 보호 받고 권리를 행사하기 위해 반드시 국가가 필요하다. 그러니 내가 한 나라에 속하여 같은 민족으로 이웃이 있고 함께 더불어 산다는 것은 바로 사람구실을 하거나 대우를 받고 사는 기본이다.

이처럼 국가와 도시와 마을이라는 행정시스템이 있어서 내가 보호 받고 권리를 행사하며 안전하게 살고, 여러 가지의 사회시설을 누리기 때문에 국가와 사회 제도에 한 없이 감사해야 된다. 그런 행정시스템이 있으니, 일을 할 수 있고, 주거를 자유로 할 수도 있으며, 교육을 받아 문화인이 될 수 있고, 사업을 해서 돈을 벌어 기본생계를 유지하고 부를 축적할 수도 있다. 가정이라는 행복 단위를 유지하면서 안전과 만족과 행복을 누림은 물론 편리하게 여행하고, 아프면 치료 받고 입원할 수도 있다.

하여간 사람이 살아가는데 필요한 모든 편의를 국가가 제공해

국가에 속하고 그 아래 행정 체제에 속해야

준다. 전기 수도 철도 도로 통신 교통 등 일상생활에 필요한 모든 것을 생산해준다. 가물어 흉년이 되면 양식을 수입해 먹고 살게 해주고, 태풍으로 농사가 흉작이 되어도 농산물 보험으로 보상해주며, 먹고 남은 쓰레기를 깨끗하게 치워줘 삶에 불편을 없게 한다.

내가 직접 쓰레기를 치우고 대소변을 처리하며, 나더러 밤새 휴전선 지키라면 나는 도저히 할 수 없지만 국가가 있어서 편안하게 잠을 잘 수 있다. 농수산물을 그렇게 풍족하게 생산해서 돈이 있고 건강만 뒷받침이 된다면 정말 맘껏 먹고 즐길 수가 있다. 만약에 국가가 산을 보호하지 않았으면 내가 그 좋은 숲길을 언제 만들어서 산책을 즐길 수 있을까?

우리는 누구나 국가에 감사해야 된다. 물론 기본 5대 의무가 있어서 일을 하고, 세금내고, 교육받고, 국방하며, 환경보전 한다고 약간의 부담은 있지만, 그것은 누리는 것에 비하면 정말 새발에 피다. 내 나라가 있어서 기쁠 때 춤을 출 수 있고, 올림픽 때 응원도 하며, 다양한 게임을 즐길 수도 있다. 국적 없는 난민이 되어봐라 어디서 이런 편의를 제공 받을 수 있나? 지방자치제 때문에 시골 도시 할 것 없이 아름답게 정비된 거리와 마을이 얼마나 아름답고 평화로운가? 내가 무한한 자유와 평화를 누린다.

국민으로 누리는 것에 감사하자! 정치하는 사람들과 행정 하는 사람들과 사업하는 사람은 물론, 경찰과 군인과 소방대원과 환경미화원은 말할 것도 없고, 비행기와 기차와 여객선과 온갖 교통수단을 움직이는 모든 분들에게 진심으로 감사하자. 제도에 의한 그분들의 성실한 희생이 우리를 행복하게 한다. 감사하자!

문화와 기술에 감사하자

강남 스타일로 세계를 강타한 싸이와 한류의 첨병들, 세계적 영화제 대상을 자신 있게 거머쥐는 영화감독들, 대장금과 각종 드라마로 아시아를 뒤덮고 있는 배우들과 제작자들에게 진심으로 감사한다. 각종 예술과 체육으로 한국을 고가로 세계에 파느라고 혼신을 다 하는 우리 젊은이들에게 뜨겁게 박수를 보낸다.

그리고 참으로 찬란한 문화유산을 아주 다양하게 남겨주신 우리 선조들에게 큰절을 하면서 감사한다. 우리는 5천년 역사에 아직 드러내지 못한 문화적 가능성을 엄청 크게 가지고 있어 한 없이 감사해야 된다. 지금 우리가 누리는 것보다 훨씬 더 큰 것을 누릴 수 있는 잠재력 때문에 더욱 더 감사하다. 국가와 사회시설이 나를 보호하고 키우며 문화인으로 만들어준다. 그래서 우리의 긴 역사와 문화에 감사하자. 한 민족이나 한 지역이 자연스럽게 형성하는 문화가 없으면 인간은 그냥 모두가 늑대소년이 될 뿐이다. 지금은 우리나라에도 소규모 도서관이 마을마다 있어서 얼마나 편리하고 좋

국가와 지자체 수준에서 건립한 전시장

은지 그 가치를 말로 다 할 수 없다.

사람의 삶이 아무리 부요하고 편리하며 편안하다고 해도, 그것을 제대로 느끼고 가치를 못 찾으면 그냥 누리는 자체일 뿐 풍요로움을 모른다. 실제로 사람이 느끼는 행복감의 원천은 극히 다양하겠지만 한 나라나 지역의 문화수준이 사람들에게 주는 풍요로움이 가장 대표적이다.

물론 문화적 혜택이나 수준은 의식주가 거뜬히 해결된 뒤부터 생각해야 한다는 것도 일리는 있지만, 그 의식주를 더 바람직하게 해결하고 누리기 위해서 먼저 문화를 생각해야 된다. 일단 우리는 한 국가와 사회의 시스템 안에서 가정이란 단위에 속해서 주거를 정하고, 그 사회가 허용하는 의복을 입으며, 그 사회가 인정하는 범위 내에서 음식을 먹는다.

그 후에 지적 발달과 전문적 삶을 위해 학교에 가고, 일을 해서 소득을 얻으며, 예술과 스포츠와 여행 등으로 여유로운 삶을 즐긴다. 이 때 문화수준이 낮아서 배움의 시설과 기회가 없고, 노동의 종류가 극히 제한되며, 여유를 향유할 매체나 요인이 없으면 사람이나 짐승이나 별 차이가 없다.

문화는 산업이라는 면에서 미래로 갈수록 가장 큰 매력을 가지고 있다. 대체로 사람의 삶은 생물의 특성과 욕구의 특성상 진보하고 발달하기 때문에 계속 수준이 향상된다. 그렇다면 이미 우리가 누리고 있는 것보다는 더 짜릿하고 더 뭉클하며 더 충격이 큰 소재를 원하게 된다. 이는 의식주의 풍요로움이 더할수록 요구수준이 높거나 정비례한다고 할 수도 있다.

우리의 자랑 자부 문화수준

　곳간이 차야 예의를 찾는다는 말처럼 배가 불러야 진선미를 찾는다고도 할 수 있다. 우리가 문화를 산업으로 보는 것도 중요한 착안점이지만, 사람들의 삶을 더 풍요롭게 하고, 팍팍한 삶을 더 느긋하고 여유롭게 하며, 무미한 삶에 더 진한 의미를 부여할 수 있도록, 문화를 향유하는 수준을 높이는 것이 더 중요하다. 최근에 매월 마지막 수요일을 문화의 날로 정한 것은 이 양면을 다 고려한 것이라 더욱 바람직하다.

　방송과 TV, 자동차와 비행기 고속열차 등 교통수단, 컴퓨터와 집안의 편의시설, 편리한 통신수단, 극히 다양한 장르의 예술, 세계적 경쟁력의 영화와 드라마, 경제력을 능가하는 스포츠 수준 등에 진심으로 감사하자.

　지금 우리가 누리는 문화수준은 5천년 역사에서 선조들이 남겨주신 그 귀한 유산은 말할 것도 없고, 우리 민족의 탁월한 창조성

다양한 문화

이 향후 우리의 문화수준을 현저히 향상시킬 것을 생각하면 가슴이 벅차오른다.

자신의 삶을 한국 창작 음악에 헌신하는 분들이나, 자신이 가진 역량으로 우리의 각종 문화수준을 세계에서 인정받게 하는 분들이 존경스럽고 고맙다. 현재의 위치까지 오르게 한 것보다 미래에는 더 탄력을 받아 선조들의 유산까지 합해 전 세계를 문화적으로 지배하는 날도 멀지 않다고 보며 진심으로 감사한다.

일에 감사하자!

사람은 일하기 위해 태어났다! 일이 사람에게 주어진 숙명이기 때문이다. 사람은 자신이 이 땅에 보내진 사명을 위해 일해야 된다. 그 사명은 바로 자신의 환경에 좋은 영향을 미쳐서 환경을 더 좋게 하는 것이다.

사람이라는 생명체를 구성하는 미립자의 발달과정이 그런 사명을 수행하고 있기 때문이다. 신체의 세포는 다 이웃 세포를 서로 돕지만, 암세포만 혼자 살려고 한다. 하나의 세포가 생기는 것도 다른 세포가 생존하는데 필요한 도움을 주고, 또 서로 합하여 더 좋게 되는 쪽으로 발전하기 위해 다른 분자를 돕기 때문에 가능하다. 그러기 위해서 사람이 일하는 것은 생명에게 주어진 원 목적을 이루

일의 상징

는 것이다.

일이란 남을 돕는 것이므로 스스로 일을 만들어야 된다. 스스로 일을 만들 듯 사람의 성장은 자동이다. 누가 시키거나 의도적으로 계획하지도 않지만, 일단 생명체가 되고나면 태중에 있을 때부터 스스로 뇌 세포를 생성하고, 거기에다 환경적응에 필요한 것을 채운다. 환경적응에 필요한 것이란 남을 돕는데 필요한 것이다.

삶은 비어있는 뇌를 채우고 활용하는 것이다. 우리는 의도적으로 삶에 필요한 것을 채워야 한다. 내가 남을 돕기 위해서는 가능한 한 남이 안 하거나 못하는 것을 나의 일로 해야 된다. 그것이 나의 전문성을 발휘하는 것이고, 그래서 열심히 공부도 하고 일도 해야 된다. 그게 바로 사는 맛인 보람과 기여다. 일이 돈을 벌게 한다. 일한다는 것은 단순한 힘과 시간을 사용하기도 하지만 고도의 전문성을 발휘할 때가 더 많다. 그러면 봉사나 기부가 아닌 한 반드시 대가를 받는다. 일을 통해 경제적 소득을 확보하니까 일이 감사하다.

사람은 또 일을 통해 성장한다. 체험보다 더 많이 배우는 것은 없다. 일을 통해 누구나 특정 분야 전문가가 될 수 있어서 감사하다. 어느 나라나 일을 통해 성장하는 사람은 대단히 많다. 일본의

일을 통한 장인

경우 그 예가 아주 두드러진다. 우리나라가 일본을 만나면 이기는 경우가 많다. 운동과 경영에서도 물론 흔하다.

그러나 아직 한국이 일본에 꼼짝 못하는 분야가 노벨상이다. 한국인이 학문적 노벨상을 받은 적은 아직 없다. 일본은 무려 21명 (2015 현재)의 노벨상 수상자를 배출했다. 그런데 여기 놀라운 비결이 있다. 그들은 일을 통해서도 노벨상을 받고 있다.

2002년 화학상을 수상한 다나카 고이치는 당시 43세의 평범한 회사원이었다. 그는 대학 졸업 후 석·박사 학위 없이 시마즈 제작소란 회사에 들어가 줄곧 연구원으로 근무했다. 그는 승진해서 관리직이 되면 연구에 지장을 받게 될까봐 승진 노력도 별로 하지 않았다고 한다. 노벨상 수상 소식은 회사로 걸려온 국제전화로 통보받았는데, 처음엔 영어가 서툴러 상황을 잘 이해하지 못했다. 그러다 여기저기서 축하인사를 받으면서 자신이 노벨상을 받게 됐다는 사실을 비로소 알게 됐다. 이웃집 아저씨 같은 친근한 스타일로 주목을 받은 그는 노벨상 기자회견 때도 정장 대신 작업복 차림으로 참석해 화제를 모았다.

2008년 68세의 나이에 물리학상을 받은 마스카와 도시히데는 유학은 물론 평생 해외여행 한번 하지 않은 것으로 유명하다. 여권도 노벨상 시상식에 참석하기 위해 처음 만들었다고 한다. 그는 시상식 연설에서도 어눌한 영어로 "죄송하지만 저는 영어를 못합니다!"라고 양해를 구한 뒤 일본어로 소감을 밝혔다.

대우 중공업의 김규환 명장은 더 극적이다. 그는 초등학교도 다녀보지 못했고, 5대 독자에 일가친척 하나 없이, 15살에 소년가장이 되었다. 기술 하나 없이 25년 전 대우 중공업에 사환으로 들어가, 마당 쓸고 물 나르며 회사생활을 시작했다. 그런 그가 훈장 2개, 대통령 표창 4번, 발명특허대상, 장영실상을 5번 받았고, 5개 국어를 하며, 1992년 초정밀 가공분야 명장(名匠)으로 추대 되었다. 순전히 일을 통해서다!

감사를 체질화 하자

초등학교 3학년부터 중학교 2학년까지 타고는 미련 없이 버렸던 자전거를, 군대에서 첫 번 휴가 중에 탔는데 비틀거리지도 않고 유유히 아주 기분 좋게 잘 달린다. 초등학교 가을 운동회 때 배웠던 물구나무서기(머리에 손 대고 하는)를, 첫 아들과 함께 간 공원 잔디에서 거뜬히 시범을 보인다.

이건 몸의 근육에 기억되었기 때문에 오랫동안 하지 않아도 몸이 정상이고 유연할 때는 얼마든지 가능하다. 이게 바로 체질화된 것이다. 신체의 근육만 아니라 신경근육에도 기억된 것은 체질화되어 언제든지 재생된다. 초등학교 때 외웠던 구구단은 계속 조금씩 사용했으니까 언제든지 잘 나오는 게 아주 당연하겠지만, 거의 쓰지 않았던 "태정태세 문단세"(조선왕조 두문자)도 정확하게 나온다.

어디다 어떻게 놓아도 아름답고 필요해

그런데 모든 것에 절절히 감사하며 살라고 해서, 누가 내게 공연히 인상을 쓰고 욕을 하는 경우 그에게 여유 있는 미소를 지으며, 감사하다는 생각은 안 든다. 이때 혹시 "내게 무참히 욕을 해서 참 감사합니다!"라고 하면, 욕한 사람이 자기를 조롱한다고 더 화를 낼 수도 있겠지만, 우선 남들이 보고 바보라고 놀릴 것이다. 절절히 감사하라는 입장에서는 위와 같이 반응해야 된다. 실제로 그렇게 살아야 건강하고 안전하며 참으로 감사할 일이 많이 생긴다. 그야말로 대박을 터뜨린다는 것이 과학의 주장이다. 그런데 왜 우리는 이 쉬운 대박을 버리고, 악다구니 쓰고 싸워서 정말로 살기 힘든 고통스러운 세상을 만들고 있을까?

그것은 우리가 어릴 때부터 계속 그런 경우에는 나도 욕을 하거나 당장 한 판 붙는 것을 정상으로 보아왔기 때문이다. 상대를 보거나 상황을 봐서 나는 무시하고 그냥 있을 수 있는데, 오히려 남들이 그렇게 보지 않는다. 멱살을 잡고 욕을 하거나 쥐어박고 해야 정상인 것처럼 본다.

감사가 체질화되었다는 의미는 정말 어떤 경우에도 일단 "감사합니다, 또는 거 참 다행이네!"라고 해두고, 그것이 왜 고맙고 다행인지 의미를 찾아 유익하게 활용하는 것이 바람직하다. 그게 왜 그런가? 살면서 내게 닥치는 모든 것은 다 우연이거나 가치 없는 것이 아니라 필요해서 주어지는 것이기 때문이다. 즉 내가 계획하거나 노력해서 욕을 먹거나 억울한 일을 당하거나 고생을 해서 나를 다듬는다는 것은 거의 불가능하다. 그래서 석공이 돌을 쪼아 모를 없애고, 갈아서 면을 매끈하게 하며, 보석 가공사가 보석을 연마

하여 빛나게 하는 것과 똑 같이, 나를 더 다듬고 연마해서 더 좋은 사람으로 만들기 위한 자연의 계획이다. 그래서 억울한 일도 당한다.

그런 경우를 당하는 나는 순간적으로 몸과 마음과 정신의 고통이 정말 참기 힘들지만 그런 훈련과 연습을 통해서 내가 더 바람직한 사람이 된다면 당연히 감사해야 된다. 나를 괴롭히는 것이 아니라 나를 더 가치 있는 사람으로 만들어주니까 그가 얼마나 고마운가! 심지어 그 자신은 남들로부터 아주 개 같은 사람이란 욕을 먹으면서도 말이다. 그러니 억울한 일을 당해도 감사하는 마음을 갖는 연습을 해야 된다.

그러기 위해 매일 감사 일기를 쓰거나, 감사 리스트를 작성하거나, 수시로 친구나 아는 사람에게 감사 문자를 보내는 것도 좋다. 때로는 과거에 내게 베풀어준 고마운 사람들을 다 떠올려 그들의 행위를 치하하여 감사를 전달하는 것은 더욱 좋다.

그래서 우리의 전두엽에다 감사하는 근육이 아주 튼튼하게 생기도록 하면 된다. 가능한 한 어릴 때부터 감사하는 마음을 가지면 사람의 사고와 인간다움을 담당하는 전두엽에 근육이 생긴다. 주로 4-6세 사이에 가장 왕성하게 자라기 때문이다. 즉 유아기부터 감사를 체질화하면, 어떤 경우에도 자신에게 유익한 점을 찾을 수 있으므로, 일생을 좋은 일만 만난다.

대박도 거부(巨富)도 과학이다!

대박과 거부(巨富)도 과학이다

냄새를 잘 맡는 사람을 개 코라고 한다. 실제로 개는 후각이 발달해서 사람보다는 훨씬 더 예민하게 빠르고 정확하게 냄새를 맡는다. 그래서 마약 탐지견도 있고 인명 구조견도 있다. 그런데 일상생활에서 보통 개가 냄새를 맡는 속도에 놀라는 경우가 흔히 있다.

어떤 집에서 애완견 간식으로 대구포를 냉장고에 두고 가끔 하나씩 주곤 했다. 낮에는 대체로 개가 현관 바로 안에 있는 자기 집에 있으니까 집에서 냉장고까지는 10m가 넘는 거리였다. 그런데 냉장고 문을 열고 대구포가 들어있는 지퍼 팩을 열면, 금방 개가 달려와 팔딱팔딱 뛰면서 꼬리를 흔들고 좋아한다. 아무리 생각해도 그렇게 멀리까지 후각이 뻗쳐 있어서 냄새를 맡을 것 같지는 않은데 어떻게 알까 하는 의문이 컸다.

그런데 양자물리학자들의 얘기를 들어보면 그 답이 보인다. 모든 물질은 다 분자운동을 하는데, 사람들의 생활공간에 있는 공기분자들은 100만분의 1초에 각각 50회 이상 충돌한다고 한다.(존 폴킹혼) 그러니 지퍼 팩을 열면 1초도되기 전에 바로 대구포의 분자

일부가 개의 코까지 날아간 것이다. 그러니 그놈이 그렇게 빨리 알고 뛰어 왔다. 물론 개 코가 탁월하게 냄새를 잘 맡기도 하지만 결국 그 속도는 공기분자의 움직임 때문이었다.

우주의 모든 별들이 다 절묘한 질서를 유지하면서 끊임없이 빠른 속도로 움직이기 때문에 공기의 흐름도 빠를 것이라는 짐작은 가능하다. 그러나 보이지도 않는 이 분자들이 그 짧은 시간에 50회나 충돌을 하니 바로 1분 후에 벌어질 상황은 아무도 모른다.

갑자기 구름이 덮이고 비가 오며, 돌풍과 해일에다 폭설까지 내리는 등의 변화를 사람이 정확히 예측할 수 없는 것은 너무나 당연하다. 자동차의 급발진, 통신의 혼선과 잡음, 넓은 도로나 차선 따라 달리는 차들의 충돌, 넓은 바다를 가는 선박의 좌초, 하늘을 나는 비행기의 추락 등, 각종 사고를 사람들은 절대 예측할 수 없다.

자연의 돌변이나, 사람의 순간적 판단착오나, 기계의 누적된 일부 결함이 결정적인 시점이 되어 절대 통제 불능상태가 되므로

움직이는 먹구름 속에 무엇이 있는지는 아무도 몰라

사고가 되고 만다. 멀쩡하게 저녁식사를 하고 그냥 앉은 자리에서 뒤로 스르르 넘어지면서 운명하는 사람도 있다. 다 공기의 흐름에 따른 필연적 상황이다.

아무리 천재적인 바둑 명인이나 당구선수라도, 분당 50회가 아니라 100만분의 1초에 50회나 충돌하는 분자들의 움직임을 정확히 계산해서, 바로 1분 후에 일어날 사고를 예측할 수는 없다. 이런 공기분자의 움직임 때문에 도저히 알 수 없는 상황변화와 돌발 사태는 항상 있을 수 있다.

정말 안타까운 일이지만 우리는 도저히 이것을 예측하거나 분석할 수는 없다. 그리고 이를 두고 우리가 모르기 때문에 우연이라고 할 수도 없다. 반드시 그럴 수밖에 없는 여건이 형성되어 발생하는 것이다. 이렇게 보면 세상에 우연이나 기적은 절대 없다. 우리가 그 과정을 몰라서 설명을 못할 뿐이지, 다 반드시 원인과 이루어지는 과정이 명확하다.

우리는 가끔 아주 단 시간에 졸부가 되는 사람을 본다. 그럴 때 우리는 운이 좋았다고 한다. 물론 전혀 잘못된 표현은 아니지만 거의 그렇지 않다. 워틀스(Wallace D. Wattles)가 쓴 부자가 되는 과학(지갑수 역)에 보면, 부자가 되는 것은 환경도 업종도 재능도 열심도 적성도 자본도 기회도 아니고 오로지 일하는 방법이 특수한 과학이라고 했다. 그렇게만 하면 누구도 반드시 부자가 되는 방법을 썼다. 양자물리의 주장과 함께 간략하게 정리하면 다음과 같다.

① 먼저 우주에는 모든 것의 근원인 생각하는 우주의식이 있음을 인정한다.

농사는 예술, 부자는 과학

② 그 의식은 온 우주에 가득 차 있으면서 생명체가 최선이 되게 복을 준다고 인정한다.

③ 생각하는 그 의식이 생각하면 그 이미지는 반드시 형상으로 나타난다. 즉 우리가 사는 세상에 이루어진다.

④ 사람이 마음으로 생각하면, 그 생각은 에너지 파동이라 우주에 찬 의식과 통하며, 같은 파동을 끌어와 생각이 형상화된다.

⑤ 이 때 남의 것을 빼앗는 것이 아니라 반드시 새로운 것을 만드는 창조를 해야 된다. 즉 같은 것을 두고 남과 경쟁하는 것이 아니라 다른 것을 만들어야 된다. 우주에는 자원이 무한하여 늘 새것을 창조할 수 있다.

⑥ 그리고 생각한 것이 이미 다 이루어진 상태를 구체적으로 형상화하면서, 미리 이루어진 것에 만족하고 감사한다. 우주의식은 감사에 가장 강하게 반응하고 동조한다.

⑦ 그 생각이 완전히 이루어질 때까지 확신하면서 끈질기게 필요한 활동

을 감사하면서 계속한다.

⑧ 세상에 공짜는 없기 때문에 반드시 필요한 노력을 선불해야 된다. 예를 들면 씨를 심어야 싹이 나고, 물을 줘야 나무가 자라서 꽃도 피우고 열매를 맺는 것과 같이 필요한 단계의 일을 해야 된다.

⑨ 가능한 한 성심을 다 하고 거래가 있을 때는 항상 내가 더 주어 상대가 만족하게 해야 된다.

⑩ 완성될 때까지 시간이 얼마나 걸리든 의심하거나 부정하지 말고 자신이 할 것을 다 한다.

하나씩 끝까지

　　이렇게 하면 누구든지 부자가 된다는 것이 워틀스의 주장이다. 파동의 생각이 입자로 이루어진다는 물리학자들의 주장과도 일치한다. 그래서 우리가 말하는 운이나 기적은 곧 철저히 과학이다. 그래서 대박도 거부도 과학이다. 콩 심은데 콩 나고 팥 심은데 팥 나는 것은 과학이다. 심은 대로 거둘 뿐이다.

늘 최선의 상태를 설정하고 기대하자

모든 생명체의 특성은 아주 완벽한 질서상태(이정모, 모든 생명은 질서를 추구한다)라는 것이다. 생명은 빈틈없는 질서가 유지되어야 정상이다. 그래서 생명체는 항상 최선의 상태가 되도록 되어 있다. 그런데 환경에서 오는 물리적 화학적 작용에 의해 무질서가 되고, 일부 손상되거나 사멸하기도 한다. 같은 생명체라도 다른 동식물은 자연이나 주위 환경이 주는 자극을 수동적으로 받으므로 그 동식물들은 어쩔 수 없다.

그러나 사람은 의지가 있어서 고의나 실수로 본래 자신의 몸에 주어진 아름다운 질서를 무너뜨리기도 한다. 사람이 병이 들거나 그냥 몸이 쇠약해지거나 사고를 당하는 것 등은 대체로 자신의 실수로 되는 경우가 훨씬 더 많다. 심지어 DNA의 구조적 결함 때문에 생기는 질병은 겨우 20%정도에 그치지만 사람의 잘못으로 생기는 것이 무려 80%를 넘는다고 한다.(김명남 역, 쉽게 쓴 후성유전학)

좋은 예 하나가 바로 성인병이라는 것이다. 성인병이란 성인이 되기 전에는 괜찮았는데 나이가 들면서 병이 된 것이다. 원래 정상으로 된 것이 살면서 비정상으로 되었단 말이다. 나이가 들면서 많이 사용한 신체 일부가 닳거나 망가진다는 것은 있을 수 있다. 그러나 어떤 사람들은 100세에도 멀쩡한 경우를 보면 모두가 반드시 성인병자가 되는 것은 아니다.

그렇다면 결국 자신이 잘못해서 그 아름다웠던 최선의 질서가 망가져 병자가 된 것이다. 그럼 누가 원해서 그렇게 되느냐고 따질 것이다. 원하지 않았다면 자신도 모르는 사이에 그렇게 많은 사람

늘 생각 기대

이 스스로 망가졌단 말이다. 그럼 이제 좋은 답이 저절로 나온다. 자신이 모르는 사이에 그렇게 된다면 자신이 알고 노력하면 그렇게 안 될 수도 있다.

이게 뭐 꼭 질병만이 아니라 모든 경우에 처음의 상태는 다 정상이었지만, 살면서 주어진 환경이나 자신의 실수로 인해 삶이 막 으스러지게 된다. 그래서 아주 어려서 아무 것도 모를 때는 어쩔 수 없지만, 스스로 의식하여 자신에 관한 결정을 하고 선택하는 때가 되면, 망가지거나 으스러지는 삶이 안 되게 장치를 하면 된다.

사람은 항상 생각하고 그 생각을 에너지 파동으로 발사하여 자신의 몸 안팎에 영향을 줄 수 있기 때문에 그게 가능하다. 마치 도깨비 방망이처럼 막강한 이 도구를 사람들이 몰라서 사용하지 않기 때문에 얼마나 많은 고생과 낭비를 하는지 모른다.

생명체는 원래 항상 가장 좋은 상태를 유지하게 되어있고, 사람은 행복하게 살도록 만들어졌다는 게 양자물리학의 주장(강길전, 양자물리)이다. 뿐만 아니라 바이블에도 자연에 순응하는 사람은 다 항상 모든 경우에 그에게 최선의 상태가 된다고 했다. 혹시 순간적으로 그에게 불리한 것 같아도, 한 사람의 일생을 이어보면 그것이

결코 이럴 이가 없지만 그렇게 생각하면 신비가 된다

그에게 가장 좋은 경우란 의미다.

그리고 사람은 어떤 것을 생각하고 그것을 이루어가는 힘이 있으므로, 항상 최선의 상태를 확실하게 그려놓고 늘 그렇게 기대하며 실천하면 그렇게 되는 것이 물리법칙이다. 말이 씨가 된다는 것처럼 생각이 같은 파동을 끌어와서 생각하는 대로 된단 말이다. 자연이 사람에게만 준 일종의 특혜며 대단한 복이다. 게다가 조물주는 사람을 만들어놓고 제일 먼저 그에게 복을 준 후, 만물을 다 다스리고 돌보라는 사명을 주었다. 생명체에게 항상 나아지는 본성이(이정모, 모든 생명은 질서를 추구한다) 있는 것과, 복을 먼저 주었다는 것은 완전히 일치하므로 사람은 항상 최선이 되고 행복해야 된다. 그것을 과학으로 증명해보자.

앞에서 보았듯이 지구상의 공기분자들은 100만분의 1초에 각각 50회 이상 충돌하므로, 눈 깜빡할 사이에 무슨 일이 생길지 아무도 모른다. 흔히 "우연이다, 예상외다, 기적이다"하는 것들이 다 이런 공기의 움직임에서 생기는 필연이다.

그럼 어떻게 해야 되나? 우리가 아무리 빨리 계산해도 "지금 여기서 이것이 내게 최선"이라고 판단한 후 그것을 선택하고 그렇게 되기를 바라거나 행동하기는 불가능하다. 자연이 보기에는 너무나 정확하고 반드시 일어날 사고지만, 사람들은 우연이라고 한다. 즉 우리가 발생과정을 모르기 때문에 "우연한 사고발생 확률"이 대단히 높다고 한다.

그러니까 그 우연한 사고가 내게는 발생하지 않게 하거나, 어떤 상황에서 도저히 피할 수 없어 발생하더라도, 내게는 항상 최선의 상태가 되도록 하면 된다. 내가 전지전능한 신도 아닌데 어떻게 그게 가능한가?

이미 말했듯이 사람은 자신이 진정으로 원하는 바를 정확하게 그려서 그 파동을 내 보내고 그것을 계속 유지하면, 그 파동이 우주 공간에서 동일한 파동을 끌어와서 그렇게 이루고 만다. 그러므로 그런 상태를 정해놓고 항상 그렇게 기대하고 믿고 있는 것이 가장 좋은 방법이다.

그리고 실제로 어떤 일을 전개할 때는 그 결과가 최선이 되는 상태를 설정해두고 그렇게 되도록 하는 것이다. 그 최선의 상태가 되는데 필요한 모든 요소가 우주 공간에서 동일한 파동을 끌어와서 그대로 실현시킨다는 것이 양자물리학의 주장이다.

정말 간곡히 부탁하지만, 지금까지 상식으로 납득이 안 되고 남들이 그렇게 생각하지 않더라도, 이미 다 증명되어 알고 있는 물리법칙이니 지키기 바란다. 반드시 그대로 활용하여 매사가 평생 형통하기 바란다. 이것은 생각이 만능의 도구라는 면에서도 꼭 실천할만하다.

세상에 공짜는 없다

"메아리, 작용에 대한 반작용, 오는 말이 고와야 가는 말이 곱다"에 대한 경제적 표현은 급부에는 반대급부가 있다는 말이다. 세상에 공짜는 없다는 말도 같다. 이런 말들을 증명하는 한 가지 실험을 하자. 아무리 밀어도 부서지거나 넘어지지 않을 벽을 향해서 두 팔로 힘껏 밀어보자. 어쩌면 내가 도로 뒤로 넘어질 수도 있다. 벽을 미는데 왜 내가 넘어질까?

이것이 물리에서 말하는 반작용이다. 즉 내가 어떤 힘을 보내면 최소한 그만큼은 내게로 되돌아오는 것을 말한다. 두 사람이 마주 서서 서로 팔을 펴 동시에 밀어보자. 안 넘어지려고 서로 민다. 서로 안 넘어지려면 내가 미는 것만큼 상대도 민다. 이것도 바로 작용에 대한 반작용이다.

즉 내가 힘을 쓴 것만큼은 반드시 되돌아온다. 같은 파동을 끌어당긴다는 것은 바로 이 원리다. 그러니까 내가 보내는 대로 내게 되돌려 준다. 메아리의 경우도 동일하다. 내가 고함치는 말 그대로 준다. 이 바보야 그러는데 산이 나더러 그래 이 천재야 하지 않고 반드시 이 바보야 한다.

작용에 대한 반작용이

꽃에 숨은 칼

나, 끌어당김 법칙은 아주 정확해서 반드시 내가 생각하는 그대로 되돌려 준다. 그러니까 내가 긍정적인 생각으로 좋은 것을 생각하면 긍정적인 좋은 파동을 끌어서 되돌아오고, 부정적인 파동을 내보내면 부정적인 파동을 끌어와 나쁜 일이 생기게 된다. 이처럼 삶은 반드시 무엇을 선불하고 그 값으로 받은 것을 누리는 식으로 되어 있다.

항상 억울한 경우를 당하면서도 묵묵히 선한 생각과 행동을 한 사람이 받은 그 반대급부가 무엇인지 좋은 예를 보자.

인류 역사상 이보다 더 억울함을 당한 사람도 드물 것이다. 아

버지의 끔찍한 사랑을 받으며, 자신이 "총리가 되어 백성들을 돌본다!"는 꿈 때문에 형들의 시기를 받았고, 나이 17세에 인신매매를 당했다. 그는 마침 이집트 왕궁 경호실장의 집안일을 돌보는 노예로 들어갔지만 정말로 성실히 일했다.

경호실장이 그의 성실함을 보고 그 집의 모든 것을 다 맡겼다. 그래서 어린 나이에 총괄 집사가 되었다. 그런데 경호실장의 아내가 젊은이의 준수한 용모에 끌리어 끓어오르는 욕정을 채우려고 그를 유혹했다. 그의 인품도 믿을만했지만 용모가 워낙 탁월해서 그냥 보고만 넘기기가 너무 아까웠던 모양이다.

옥에서 정치를 배움

어느 날 안채에 일이 있어 들렸을 때, 마침 집에 사람이 아무도 없었을 때라, 그만 여인이 그를 붙잡고 침실로 끌어들이며 섹스를 즐기자고 간청을 했다. 그러나 그는 단호했다. "안 됩니다 마님, 이 집의 모든 것을 제 맘대로 할 수 있지만, 마님에게는 손도 델 수 없습니다. 제가 이런 악한 일을 저질러 하나님 앞에서 죄를 지을 수는 없습니다!" 하면서 뿌리치고 나왔다.

이때 그 여인이 그의 겉옷을 붙잡고 늘어지는 바람에 그냥 옷이 벗겨져 여인의 손에 있었다. 그러자 욕정을 못 채운 여인이 호감을 증오로 바꾸어, 그 종놈이 자신을 겁탈하려했다고 무고하면서 옷을 증거물로 내밀었다. 그는 변명을 해봤지만 절대약자인 노예라 어쩔 수 없이 투옥되었다.

옥에서도 그는 워낙 성실해서 간수가 자신의 일을 그에게 거의 위임하여 감옥의 일을 맡아보게 되었다. 그 감옥은 주로 왕의 죄수만 수감된 곳이라 장관급들이 많았다. 한 번은 전직 장관 둘이 꿈을 꾸고 고민하는 것을 그가 명쾌하게 풀어 줬다. 마침 그 해석대로 한 장관은 복직되고 한 장관은 처형되었다.

그는 복직되는 장관에게 자신의 억울한 사정을 얘기하면서, 구명운동을 부탁했고 장관은 돕겠다고 약속했다. 그런데 나간 후에는 완전히 함흥차사로 2년이나 지났다. 그러던 어느 날 왕이 아주 요상한 꿈을 꾸었다. 도저히 그냥 견딜 수 없어서 전국의 전문가를 다 불러다 물어도 아는 사람이 없어 쩔쩔 매고 있을 때, 복직된 그 장관이 꿈을 해석해준 그를 떠올렸다. 그제야 급히 그를 불러 왕을 알현시켰다.

살찐 소

왕의 꿈은 이러했다.

〈왕이 들에 산책을 나갔는데 "아름답고 살진 암소 일곱 마리가 강가의 갈밭에서 풀을 뜯어먹고, 그 뒤에 또 야위어 뼈만 남은 다른 일곱 암소가 와서 그 소들과 함께 있었다. 그런데 갑자기 말라빠진 소들이 아름답고 살진 소들을 잡아먹어 버렸다." 놀라서 깬 왕이 다시 잠을 청해 또 꿈을 꾸는데 "한 줄기에 무성하고 충실한 일곱 이삭이 나오고, 그 후에 또 아주 약하고 마른 일곱 이삭이 나왔는데, 그 약한 일곱 이삭이 무성하고 충실한 일곱 이삭을 삼켜버렸다."〉

이런 일종의 흉몽을 꾸었으니 왕이 그 뜻을 알고 싶어 안달이 났다. 이 꿈을 들은 그는 왕에게 정중히, 그러나 아주 시원하게 해몽을 해드리고는 한 가지 제안을 했다.

폐하! "두 꿈은 다 같은 것입니다. 하나님께서 자신의 계획을

죄수에서 일약 총리가 되다

왕께 보여 주신 것입니다. 일곱 마리 좋은 소와 일곱 개의 좋은 이삭은 7년 풍년이고, 마르고 형편없는 7마리 소와 말라 속이 빈 7이삭은 7년 흉년입니다. 즉 앞으로 7년간 이 나라에는 대풍이 오고, 바로 7년 흉년이 와서 7년 풍년이 무색하게 됩니다. 그러니 왕께서는 아주 지혜로운 사람을 세워 이 어려움을 극복하도록 해야 될 것입니다. 즉 풍년에 남는 곡식을 잘 저장했다가 흉년에 그것으로 백성들이 살게 해야 됩니다."라고 했다.

　이 말을 들은 왕은 "지금 이 나라에 하나님이 함께 하는 너보다 더 유능한 사람이 어디 있느냐, 그러니 너를 이집트 온 땅 위에 세우겠다." 하면서, 자신의 손가락에서 반지를 빼 그의 손가락에 끼워 주고, 고운 옷을 입히고, 그 목에는 금목걸이를 걸어 주었다. 그리고 그를 자기의 두 번째(권력 서열 2위) 수레에 태우고는, 사람들이 그의 앞에서 "무릎을 꿇고 절하라"고 외쳤다. 이렇게 해서 그는 약관 30세에 일약 일국의 총리가 되어 온 나라를 훌륭하게 다스려 왕의 총애를 크게 받았다.

보기에 따라 다른 아름다움

　　그 후 실제로 흉년이 와서 그 주위 국가에도 곡식을 팔아 사람들도 살리고 왕궁자산을 아주 크게 불려 주었다. 만약에 그가 총리가 안 되었으면 주위의 다른 민족은 물론 당시 그 나라마저도 역사에서 사라졌을지도 모른다. 7년 풍년이 계속되면 사람들은 편안해져서 앞으로 7년 흉년이 온다는 것을 상상도 못하므로, 흉년을 위해 곡식을 저장할 생각도 못하기 때문이다. 그가 총리가 된 것은 그 개인이 꿈을 이루었다기보다 국가가 생존할 수 있었다는 큰 의미가 있다. 이처럼 인류 역사에 한 민족과 주변국들을 살린 거대한 업적은 그가 당한 억울함을 선불하고 얻은 열매였다.

• 형들이 노예로 팔았다.(가장 지독한 억울함. 그러나 형들을 미워하지 않고 그 결과로 이루어질 의미를 찾았다)

• 최대의 사랑을 받던 사람이 노예생활도 성실히 했다.

• 주인 아내의 성폭력을 피하려다가 오히려 강간 미수범이 되는 억울함을 당했다.(자유를 얻거나 젊음을 즐길 기회를 과감히 거절하면서 선을 지향했다. 투옥

되고도 그녀를 욕하지 않았다.)

- 옥에서도 억울함을 호소하지 않고 성실했다.
- 억울함을 풀고 석방을 약속했던 전직 장관의 약속이 안 지켜지는 2년을 말없이 기다렸다.(충분히 탄원의 기회가 있었지만)

　　노예로 팔렸기 때문에, 억울하게 투옥되었고, 2년이나 무죄 석방 약속을 묵묵히 기다렸기 때문에 해몽을 갈망하는 왕을 만나게 되었다. 그는 정말로 억울하게 13년간 노예와 죄수로 살면서도 끝까지 선함과 성실함을 지불하여 그 반대급부를 제대로 받았다. 삶은 선의와 성실을 선불하고 그 대가를 누리는 것이다!

사람의 절대한계를 인정하자!

　　사람은 초고정밀 전 자동이다. 그래도 모든 것이 다 저절로 되는 것은 절대 아니다. 당연히 사람의 가치가 저절로 향상되는 것도 아니다. 엄마에게 죽을 고통을 주면서 태어난 아기가 신체적으로 성장하는 것은 아무도 가르치거나 돕지 않아도 된다. 안전과 영양과 사랑과 삶의 모범만 충분히 주면 한 인격체의 성장에 개입할 필요가 없다. 즉 신체적 기본기능인 본능은 저절로 향상되기 때문이다. 사는데 필요한 기본기능은 다 본능이다.

　　사실은 이렇게 자동으로 되는 것은 미립자의 특성이고 그 배경에 있는 우주의 법칙과 힘에 의해 우리가 의식하지 않는 상태에서 움직이고 조절되기 때문이다. 우리의 몸과 정신은 다 우주의 의식과 연결되어 있고 그 힘에 의해 움직인다.(이시우)

다 자리 지켜야 빌딩

　　그러나 다른 분야는 다 더 개발하고 다듬고 세련되게 해야 되며, 때로는 상당한 대가와 노력을 선불해야 자신의 것으로 누릴 수 있다. 누구든 사지가 정상이면 뛸 수 있지만 단거리나 장거리 선수는 물론 마라톤 선수가 될 수는 없는 것과 같다. 걷고 뛰는 것은 타고난 기본기능이지만 전문가의 기술적 도움을 받으며, 매일 9시간

이상의 끈질긴 연습을 4년 이상 계속하면서 더 개발해야 올림픽의 금메달리스트도 될 수 있다.

여기서 반드시 유의해야 할 것은, 사람은 자신의 가치가 향상되거나 살면서 만족을 느끼기 위해서는 반드시 자신의 환경에 순응해야 한다는 것이다. 생명의 특성은 아무리 스스로 강하고 탁월하다고 해도 자신에게 주어진 한계인 환경에 적응되어야 된다. 환경에 적응하지 못하면 망한다.

마치 보트를 타고 육지에 닿으려면 노를 저어 육지 쪽으로 가야지, 자기는 물에 있으면서 육지를 자기에게 가까이 오라고 할 수 없는 것과 같다. 이렇게 우리에게는 도저히 승복할 수밖에 없는 경우가 있다. 때로는 그것이 부당한 것처럼 보이기도 한다.

다리가 없는 강을 건너려면 반드시 물에 들어가야 된다. 다행히 그 강물이 깊지 않아서 무릎까지만 물이 닿는다면 쉽게 건널 수 있어서 좋다. 그러나 하필이면 날이 추워 발이 얼 정도라면 어떤 불

로봇이 사람을 막 밀어내

평이 생길까? 이때는 아무리 추워도 발이 물에 들어가야 된다. 발이 손에게 네가 들어가라는 식으로 할 수는 없다. 큰 회사에서나 작은 조직에서 일 때문에 이런 경우가 흔히 있을 수 있다. 왜 내가 이일을 해야 되느냐고 반문하고 싶지만, 누군가는 해야 되는 일이므로 반드시 제구실해야 된다.

아무리 공평하게 하고 싶어도 할 수 없는 경우가 있다. 그럴 때는 공평하기보다 공정하기만 하면 된다. 예를 들어 건설회사에 함께 입사한 경우에도, 설계 담당은 사무실에서 일하는 경우가 많지만, 시공담당은 줄곧 현장에 나가야 하고 때로는 휴일에도 현장에 나가야 할 때가 있다.

이보다 훨씬 더 안 좋은 경우도 있다. 예를 들어 사고로 발을 다쳤는데 발목 부위를 절단하지 않으면 생명이 위험한 경우에는 전체 생명을 살리기 위해 발목을 자른다. 이런 경우 공평하게 한다고 어떤 주장을 펼 수 있을까? 도저히 다른 대안이 없다. 나중에 의족을 할 각오로 발을 절단해야 된다. 회사가 계속 이익을 내면 좋지만, 외부 여건에 의해 이익은 고사하고 시장의 변화로 어떤 제품의 생산을 중단할 수밖에 없는 경우가 있다.

이럴 때는 회사가 살기 위해, 그 제품 담당들이 다른 제품 생산에 투입될 수 없다면, 일단은 해고할 수밖에 도리가 없다. 어떤 조직에도 일이 없으면 사람은 필요 없기 때문에 일이 없는 사람은 자발적으로 나와야 된다.

물론 그 전에 미리 새로운 일을 만들어 계속 일할 수 있게 하거나, 당사자도 다른 기술이나 전문분야를 바꾸어 일할 수 있게 준비하지 않는 한 나갈 수밖에 없다. 계속 자신의 가치를 높이기 위한 창조활동을 해야 된다는 것은 그런 경우에 대비하기 위한 것도 다분히 있다. 예를 들어 지금 유행하기 시작하는 3D 프린팅 기술로 인해 10년 쯤 전후에 조립라인에 있는 사람들이 거의 자리를 떠나야 될 때가 온다.

철강분야나 위험작업 군에 있는 사람일수록 그럴 가능성은 더 높고 더 빨리 온다. 조립자체가 없고 분자합성으로 다 제조하기 때문이다. 그렇지 않은 경우 로봇을 활용하지 굳이 사람을 쓰지 않으려 한다. 나노기술이 실용화되면 당연하게 온다.

이때 사람이 치사하게 로봇의 자리를 빼앗을 수는 없으므로, 자신의 자리를 주고 나와야 된다. 이런 현상은 하나의 예일 뿐이지만 유사한 경우가 허다하게 발생한다.

반드시 내가 홀로 불공정대우를 받는다는 생각을 할 수 없는 경우가 있을 것이므로 이 절대한계를 인정해야 된다. 이것이 자신의 신체 조건일 수도 있고, 재능의 한계일 수도 있으며, 때로는 금전적 한계가 될 수도 있다. 부모의 유산이 많아서 신혼부터 부유하게 사는 사람을 보고, 유산을 받을 수 없는 사람이 그것을 부러워하거나 따라할 수는 없다.

이럴 때 자신이 극복할 수 있는 것은 시간을 두고 극복하는 것이 도전적 창조적 삶이다. 자신이 도저히 극복할 수 없는 한계를 인정하지 않고 화를 내거나 절망하는 것은 결코 바람직하지 않다. 막무가내로 도전하고 돌진하는 것이 반드시 필요한 때도 있겠지만, 절망이나 포기가 아니라 겸허하게 자신의 처지를 생각하고 거기에 맞는 바른 처신이 필요하다.

세상에는 아무도 쓸모없거나 가치 없는 사람이 없고, 제몫을 할 수 없는 사람도 없다. 다 천재고 다 귀재며 다 반드시 남보다 특출하게 잘 하는 한 가지씩은 가지고 났으므로, 그것을 찾아 잘 하면 아무도 당할 수 없는 최고가 될 수 있다.

내가 못하는 것은 다른 사람이 하면 되고, 나의 다음 세대가 해도 되며, 후배가 할 수도 있다. 자신은 자신이 해야 하거나 할 수 있는 것에 집중해서 독보적 존재가 되면 된다. 그것으로 삶을 즐기고, 그것으로 사회에 기여하며, 그것으로 한 시대에 한 공간을 꽉 채워주면, 세상에 온 사명을 다 하는 것이다.

은밀한 비밀을 알라!

내 건강은 내 책임

다윈은 종의 기원에서 "인류가 지상을 지배하는 최후의 종(種)"이라고 했다. 머리가 좋아서도 힘이 세서도 아니고 환경적응력이 뛰어나기 때문이라고 했다. 그럼 어째서 환경적응력이 탁월할까? 그 답을 지금 후성유전학자들이 말한다. 인간은 다른 생물과 달리 환경에 적응하려고 언제나 그 시점에 유전자 발현을 실시간으로 조절할 수 있다. 생물이 살려면 반드시 환경에 적응되어야 되는데, 그러려면 그 생명체의 DNA가 생명체를 조절하여 환경을 극복하게 해야 된다. 다른 생명체는 여러 대의 후손을 거치면서 서서히 조금씩, 환경에 적응하려고 변하므로, 환경에 적응할 만큼 유전형질이 변하려면 수 백 년 수 만 년을 지나야 된다. 그러다보니 환경의 변화에 적응하지 못해 멸종하기도 한다. 그러나 사람은 즉시 또는 당대에 가능하다. 그래서 환경의 영향에도 불구하고 병을 예방할 수도 있고, 병을 완치할 수도 있다. 이것이 지구와 만물을 돌보라는 사명을 위해 자연이 인간에게 준 특혜다.(바이블)

사람의 신체적 심리적 정신적 건강과 활력은 몸을 구성하고 있는 세포 속의 DNA와 환경의 상호작용에서 결정된다. 다른 생물은 의지가 없어서 DNA의 한계를 벗어날 수 없지만, 사람은 자신의 의지로 결단하여, 음식을 조절하고 적당한 운동을 하며, 특히 생각으로 얼마든지 자신의 DNA발현을 조절할 수 있어서, 심신의 건강은 물론 활력을 향상시킬 수 있다.

이것은 자연이 인간에게만 준 대단한 특혜다. 그 증거가 사람에게는 생명의 기본을 유지하는 단백질생성 DNA(암호화된)는 불과 2% 정도이고 98%에 달하는 DNA가 수시 환경에 적합하게 대응하도록 되어 있어, 사람에게는 숙명보다 재량을 훨씬 더 크게 한 것이다.

건강유지나 병에 시달리는 유전자 발현을 좌우하는 "히스톤 변형이나 DNA 메칠화"를 조절하는 것은, 순전히 "음식, 운동, 스트레스(염려, 공포 등)정도, 음주와 흡연여부, 마시는 물, 호흡하는 공기, 시기 질투 미움 다툼 등의 생각"에 달렸다는 것이 후성유전학의 실험 결과다. 그래서 사람의 건강은 순전히 생활습관에 달렸다는 것이다.

후성유전학자들은 점점 더 유용한 결과를 밝히고 있다. 예를 들면, 선천적 유전자 구조는 컴퓨터의 하드웨어와 소프트웨어에 해당하므로, 출생 후 소프

사용자 쓰기 나름

트웨어는 생활습관에 의해 새 프로그램을 추가하기도 하고 삭제하기도 한다. 출생 후 소프트웨어 추가삭제는 컴퓨터를 작동하는 바로 "나"이므로, 내가 나의 건강을 책임져야 된다는 의미다. 이 자율한계가 거부할 수 없는 숙명적 행운이다. 자연이 그만큼 사람에게 재량권을 더 주었다.

더욱 중요한 사실은 후성유전인자에 의한 변질은 가역적이라는 사실이다. 즉, 생활습관을 바꾸면 변질되었던 유전자기능이 정상으로 회복될 수 있으므로, 병을 만드는 것도 고치는 것도 "나"다. 먹고, 자고, 숨쉬고, 위산을 분비하고, 새로운 세포를 키우 고, 찌그러진 낡은 세포를 고치며, 독성을 순화시키고, 호르몬 균형을 유지하고, 지방을 혈당으로 바꾸는 모든 생리현상을 배후에서 조절하는 것은 "나"의 생활습관이다.

유전자는 자연치유력이 있어서 늙은 세포는 젊은 세포로 바꾼다. 그래서 지방세포는 3주, 위벽은 5일, 후각세포는 4주, 피부는 5주, 적혈구는 두세 달, 머리뼈는 석 달마다, 매년 전신의 세포 98%가 완전히 교체된다.(강길전, 양자의학)

더 구체적으로, 사람은 생각으로 자신의 DNA발현을 명령하여 질병을 예방할 수도 있지만, 이미 발병한 것을 완치할 수도 있다. 다른 생물은 자신의 의지가 없으므로, 환경이 주는 물질의 화학적 영향과, 빛이나 온도나 공기와 바람 등의 물리적 영향으로만 DNA발현이 조절되어 여러 대에 걸쳐 형질이 변한다. 사람은 자신의 체질이나

가능성

현재의 건강상태를 알고 대응하기 위해 결단하고 실천하면, 즉시 자신의 DNA발현이나 정지가 가능하므로 쉽게 환경을 극복할 수 있다. 이 기능이 사람에게만 주어진 귀한 선물이다. 무엇으로도 계산할 수 없을 정도로 큰 복이다. 그래서 나의 건강은 나의 책임이다. 그것은 또 자연이 확실히 보장해준다. 이 비밀을 알고 적용하자.

내가 나의 건강을 책임지고 내가 나의 삶을 결정할 수 있다는 근거가 뭔가? 한 마디로 답하면 자연이 그것을 보장한다는 것과, 내가 그 복을 알고 누리면 된다는 것이다. 이 단순한 비밀을 우리는 모른다. 금방 태어난 아기는 아무 것도 모른다. 그래서 걱정도 염려도 두려움도 없다. 어른도 차라리 그렇게 되면 가장 좋다. 부모가 아기를 완전하게 돌보듯, 자연은 사람이 건강하고 행복하게 살도록 완벽하게 보호한다. 그 장치가 바로 일단 모든 환경을 최적하게 준비해두고 사람을 보냈다는 것과, 또 환경이 변해도 사람은 거기에 충분히 적응되도록 세포 내 DNA가 스스로 작동을 조절할 수 있게 했다. 그것이 DNA발현 실시간 조절 기능이고 회복탄력성이다. 사람의 뇌는 어떤 경우에도 살아갈 수 있게 작용한다.

DNA발현이란 신체의 DNA가 원래 설계된 대로 작동하는 것이다. 물론 나의 DNA를 내가 설계한 것은 아니고 조상들로부터 물려받은 것이지만, 그 발현이나 작동중지는 내가 할 수 있다. 우리 생명체는 세포로 구성되어 있고 세포 안에는 DNA가 있어서 그 작동에 따라 생명체의 활성도가 결정된다. DNA작동은 몸이 환경에 적합하도록 조절하는 것이 기본이다.

원래 대부분의 세포들은 기본설정이 DNA발현이 안 되게 꺼짐 상태로 되어있어, 신체 전체에 적합하도록 필요한 때만 작동한

사람은 환경극복이 삶이다!

다. 그렇다면 한 세포가 자기의 자리에 맞게 제 기능을 하도록 필요한 순간에 유전자들을 활성화(발현)시키는 요인들은 무엇일까?

여러 요인 중에 다음 세 가지가 대표적이다. ① 환경에서 열과 빛이 유전자 발현에 영향을 미친다. ② 발생단계에 이미 정해진 대로 세포 안의 변화나 이웃세포가 깨워서 발현한다. ③ 호르몬이 영향을 미친다. 뇌와 다양한 샘이 생산하는 복잡한 화학물질로서 순환계를 쏜살같이 통과하면서 유전자들에게 활성화나 비활성화 명령을 내린다.(김명주 역, 해답은 DNA)

여기서 반드시 고려해야 할 것이 있다. 즉 호르몬이 영향을 미치는 것은 사람의 생각으로 가능하다는 것이다. 양자물리학이 주장하는 "사람의 생각은 에너지 파동이라 신체 내외에 영향을 미치므로" 우리 몸의 특정 부분에 DNA발현이 필요하면, 생각으로 발현을 명령할 수도 있고 발현을 정지시킬 수도 있다. 그래서 사람만 DNA 발현 실시간 조절이 가능하다.

즉 다른 생물들은 생각이 없기 때문에 위의 ①②만 가능하지만 사람은 ③도 가능하므로 정해진 DNA의 한계를 얼마든지 벗어날 수 있다. 그래야 멸종하지 않고 환경적응이 가능하기 때문이다. 사람이 환경에 적응하지 못하면 사람도 멸종할 수 있다. 사람이 멸종하면 지구와 만물을 돌볼 주체가 없어진다. 그러면 자연의 기본계획이 어긋나므로 안 된다.

후성유전학자들의 연구결과

후성유전학은 "생물은 반드시 환경에 대응해야 되는데, 원래 자신이 가진 특성(DNA)이 환경에 안 맞으면, 물리적이거나 물질적(분자생물학의 생화학적)인 자극에 의해 어느 정도 자신의 DNA발현을 조절하거나 후대에 조금 변하게 해서, 환경에 대응한다. 그러나 사람은 즉시 완전히 환경을 이기도록 DNA 발현을 조절하여, 환경을 극복한다."고 한다. 그러니까 지상에는 멸종하는 동식물이 있지만 사람들은 그렇지 않다.

조물주가 사람을 만들고 사명과 복을 줄 때 그 복은 어떤 환경에서도 살 수 있도록 "자신의 DNA발현을 실시간으로 조절할 수 있고, 후손의 DNA를 설계하여 개발할 수도 있는 기능을 주었다." 이게 인간에 대한 특혜며 사랑이다. 단, 그것은 사명을 잘 감당하라는 도구며 수단이다.

또 하나 기막힌 것은 DNA발현과 개발로 인한 회복탄력성이다. 사람이 살면서 자신이 알지도 못하는 사이에, 잘 못해서 원래의 기능이 상실되거나 손상되었더라도, 그것을 알고 그 시점부터 음식과 운동과 생각으로 바람직하게 대응하면, 원상회복이 된다는 것이

다. 이것은 정말로 대단한 희소식이고 복이다! 최근에 후성유전학자들이 밝히는 바로는 "가장 진전된 단계의 암조차 제거하거나 되돌릴 수 있으므로 우리에겐 희망이 있다!(Richard C. Francis)"고 한다.

요약하면 "사람은 자신의 DNA발현을 조절하여 당대에 안전 건강 장수할 수 있고, DNA를 설계 개발하여 탁월한 후손을 낳을 수 있는데, 이것이 인간에게만 준 자연의 특혜다!"

그런데 이 사실을 증명할 수 있는 연구결과를 2012년에야 30여명이 넘는 세계적인 학자들이 논문으로 발표했다. "사람의 DNA에서 겨우 1.5%만 정해진 역할을 하도록 코드(절대불변 고유기능)가 주어졌고, 98.5%는 아무런 용도가 없는 쓰레기(Junk DNA)라고 했는데(대략 2011까지), 이 Junk DNA중 극히 일부가 아주 중요한 기능을 하는 것으로 밝혀졌다.

2012년 9월 7일자 동아일보와 문화일보 등이 아래와 같이 보

6감 이상

도했다. "연구진은 5년간 1649번의 실험을 통해 쓰레기 DNA를 포함한 전체 DNA의 기능을 찾는 데 집중했다. 그 결과 다른 유전자의 활동을 조절하는 스위치 400만 개를 새롭게 발견했다. 각 스위치는 심장병에서 정신질환까지 다양한 질병에 영향을 주는 것으로 밝혀졌다. 특히 일부는 가수 윤종신이 앓고 있다고 알려진 장 질환 크론 병과 같은 희귀질병에 직접적으로 관여하는 것으로 나타났다." 정크 DNA에 훨씬 더 큰 다양성이 있으므로 이것이 지능이나 언어 같이, 사람에게만 있는 특성의 바탕이라고 볼 수도 있다. 단백질 암호 유전자들만이 게놈의 중요한 내용이라는 주장은 분명히 잘못되었다.(윤소영 역, 상식 밖의 유전자) 이래서 "사람은 자신의 DNA중 98에 해당하는 많은 양을 실시간으로 조절해서 건강하고 풍요로운 삶을 영위할 수 있도록 자연이 재량권을 대량으로 주었다"고 본다. 그게 양자물리학의 주장과 같다. 이 유익한 비밀을 폭로한다.

내 머리는 내가 만든다!

삶은 생각하고, 결정하고, 행동하는 것인데, 이는 모두 뇌 속 신경세포 사이의 전기·화학적 신호전달로 이루어진다. 나를 나로 만드는 것 즉, 인간의 유일함을 결정하는 것은 바로 커넥톰이라 할 수 있다. 그래서 승현준은 "나는 바로 나의 커넥톰"이라고 한다. 커넥톰은 유전자와 달리 뇌 세포의 반복연결, 중요성 다시 부여, 연결 바꿈, 새로운 생성 등으로 늘 변한다.

사람의 삶은 행동이고 행동결정은 뇌가 하므로, 사람은 다른 무엇보다도 그의 현재 뇌가 바로 그라고 하는 것이 가장 정확하다. 이 말이 바로 "나는 나의 커넥톰"이다. 뇌는 자연이 창조한 경이로운 걸작이다. 뇌는 우주에서 가장 경이로운 구조물이며, 그것이 바로 우리 자신이다.(박병철 역, 마음의 미래) 뇌는 뉴런(뇌신경세포)과 시냅스(정보를 주고받는 뉴런이 만나는 접점) 그리고 뉴런에 각인된 정보다. 이를 커넥톰이라면 된다. 그래서 사람의 삶을 결정하는 뇌는 대략 1,000억의 뉴런과 1,000조의 시냅스, 그리고 뉴런에 들어있는 내용이다.

이 복잡한 뇌를 쉽게 이해하기 위해, 뉴런은 개별적인 사람과 같고 시냅스는 사람들의 관계와 같다면 된다. 사람이 혼자서 활동할 수도 있고, 조직이나 집단에 속해서 일하는 것과 같이 뉴런도 시냅스를 통해 여러 다른 뉴런과 함께 일한다. 마치 사람이 관계가 넓을수록 유능한 것처럼 뉴런도 시냅스가 많이 연결될수록 일을 더 빨리 더 잘 할 수 있다.

뉴런은 화학물질 전령(신경전달 물질)을 매개로 시냅스를 만들

자손들은 고인이 낚시를 즐긴다고 생각

어 다른 뉴런들과 연결된다. 사람도 언어라는 간접 접촉으로 남들과 관계를 구축한다. 뇌세포가 무엇을 전달하려면 1/1,000초간 미세한 전기 파형이 생기고, 이 파형이 화학물질 전령을 분비시켜 시냅스를 통해 다른 뉴런에 건너간다. 이때 화학물질도 전기신호로 바뀌고 이 교류가 잦을수록 더 강하고 긴밀해진다. 사람간의 교류와 같다. 사람도 뉴런도 어릴 때 교류의 융통성이 강하다. 몸이 운동을 많이 해서 근육이 생기는 것과도 같다.

사람과 뉴런은 성장할수록 자기란 것이 더 굳어져, 필요한 변화도 거부하고 저항한다. 우정이 강화되지 않으면 소원해지는 것과 같이 쓰지 않는 시냅스는 삭제된다. 뉴런 망도 인간관계와 같이 더 복잡하고 커지며 전체가 하나의 망으로 연결된다. 한 뉴런이 한 기능만 하는 것이 아니라, 연결을 통해 집단이 되고 오케스트라와 같은 역할도 한다. 뇌의 변화를 일으키는 것은 무엇이든지 사람의 미래도 바꾼다. 뇌는 유전자만의 산물이 아니다. 평생에 걸쳐 쌓인 경

이유 없이 끌리는 경우

험을 통해 조각된다. 모든 경험은 뇌 활성을 바꾸고 그 변화는 유전
자발현양상도 바꾼다. 눈에 보이는 행동변화는 모두 뇌에 일어난
변화를 나타낸 것이다. 반대로 행동도 뇌를 바꿀 수 있다.(이한음 역,
마인드 체인지)

사람=뇌=창조

　사람은 창조하는 존재이며, 뇌가 창조하고, 뇌의 창조력은 뉴
런과 시냅스의 수와 강도와 정확도가 결정한다.(박문호) 뇌 또는 커
넥톰은 배움과 경험과 생각으로 이루어진다.(이한음) 배움은 뇌의 물
리적 변화가 이루어져 단백질이 합성되고 시냅스들이 강화되는 등
많은 화학적 전기적 변화를 일으킨다. 생각이 많은 칼로리를 소비
하는 것도 이 때문이다. 배움이 많을수록 뉴런 사이의 연결인 시냅
스가 더 생기고 강화되는 것은, 몸의 운동량에 따라 근육 양이 늘고
강화되는 것과 같다.(김희경 역, 나는 공짜로 공부한다)

　디지털 미디어 노출이나 게임에 몰입이 많을수록 그 분야의

아름다운 꽃을 생각이 더 아름답게

세포와 시냅스가 절대로 많고 강화되며 경우에 따라 폭증하기도(최악의 경우지만) 한다. 학습 효과는 항상 부익부 빈익빈이기 때문이며, 학습은 강력한 뇌 성장요인이므로 기회가 되는 대로 머리를 써야 된다.(서정아 역, 좌뇌와 우뇌 사이) 삶은 최선의 커넥톰 형성이어야 바람직하다. 건강하고 아름다우며 힘이 세고 순발력도 뛰어나려면, 8등신으로 균형 맞아야 되는 것처럼 뇌도 반드시 균형 맞게 발달되어야 한다.

　　뇌가 한 쪽으로 치우쳐 발달한 것이 바로 중독이나 자폐 또는 사이코 상태이다. 사람의 몸처럼 자꾸 쓰면 근육이 생기고 쓰지 않으면 근육은 물론 기능이 소멸되는 것과 같이 뉴런이나 시냅스도 똑 같다. 중독이란 그 부분 즉 쾌감만 추구하다 도파민이 과다 분비되어 뇌의 균형이 깨어진 상태다. 그러면 건전한 의사결정을 해야 할 전전두엽이 제대로 발달하지 못해 삶이 엉망이 된다. 인간다움이 없고, 심사숙고하여 결정하고 문제를 해결하는 활동을 못한다. 항상 순간의 즐거움 즉 그 때 거기에 좋은 것만 생각하는 천박한 동물적 결정만 하게 된다.

뉴런과 시냅스는 순전히 자극을 먹고 자란다

　　뇌는 가소성으로 세포 손실을 보상하므로(오공훈 역, 뇌는 탄력적) 새로운 자극이 있는 한 항상 새롭게 될 수 있다. 전전두엽의 피질은 사람 뇌의 바이블과 같고, 회사의 CEO와 같으며, 국가의 대통령과 같다. 책임감, 후회, 양심의 가책, 승리감, 기쁨, 선악구분, 전체 균형과 조화, 과거 현재 미래를 연결한 의사결정 등을 한다.(오공훈)

사랑 받는 닭

사람은 원래 행복하도록 만들어졌기 때문에, 행복한 기대효과가 뇌 작용에 핵심적 역할 한다. 뇌는 보상과 자극 없으면 있던 것도 소멸된다. 항상 좋은 자극이 풍요한 환경에서 사는 것이 뇌에 가장 바람직하다. 그래야 세포와 시냅스 수 증가, 운동속도, 연관 된 것 연결, 검색 범위와 강도, 정확도 등이 강화된다. 청소년까지 자극이 별로 없는 환경에서 자란 사람은 훗날, 자신을 변화시킬 유연성 결여, 학습 잠재력이 광범하게 제한, 뇌 결합이 덜 발달, 뉴런은 오직 서로 느슨하게 연결, 세포의 양육과 성장은 감소, 단기기억을 장기기억으로 바꾸는데 필수적인 해마 등 몇 영역이 새 세포를 못 만든다.(오공훈) 폭력과 사악이 가득한 디지털 미디어를 지나치게 접하면 뇌 발달에 풍요로운 자극이 못 되어 심할수록 악순환이 되므로 주의해야 된다. 어른도 예외가 아니고 어릴수록 더 치명적이다.

12세까지 뇌가 가장 활성적으로 성장

아직 뇌 용량을 다 채우지 않은 어린이는 뇌에 주입되는 관념,

개념, 정보가 전두엽을 무섭게 채우므로 그가 노출되는 환경과 정보를 반드시 골라야 된다.(커즈 와일) 반드시 의도적으로 풍부하고 깊게 생각하며 선한 가치를 선택하고 거기에 집중하면 창조적인 뇌가 된다.(한상연 역, 뇌내 돌풍) 10세나 12세까지 인생의 인프라가 거의 완성되며 뉴런과 시냅스의 수가 폭증한다.(김희경). 이를 결정적 시기라고 하며 초등학교만 졸업해도 삶에 지장이 없다. 이때 인생의 불변가치를 갖게 해야 된다. 모든 사람이 고향을 그리워하는 것은 그때 생긴 뉴런과 시냅스가 절대로 많기 때문이다.(김대식)

미디어(SNS, Game, 검색엔진, 강열한 화면과 소리 등)는 사람들의 사고 패턴을 다 바꿔(깊은 사고 회피, 공격성, 빈둥거림, 인내와 배려 부족, 현실과 가상 혼동 등), 뇌 기능을 미디어가 좌지우지하게 한다. 게임을 통한 공격성이나 광포함, 검색을 통한 얕은 사고기능이 사람을 가장 천박하고 성급하게 하며, 색과 모양의 강열한 자극이 모든 피질을 뒤 덮어, 인간다움과 미감을 상실시킨다.(이한음) 전전두엽은 10대 후반에서 20대 초반에야 완전히 성숙되어 제 기능을 발휘한다. 인생의 인프라인 뉴런과 시냅스가 거의 완성되는 결정적 시기 바로 다음이다. 따라서 결정적 시기에 인생의 불변가치가 제대로 입력되지 않고 사춘기를 맞으면 그 폭풍을 이기기 극히 어렵다.

사춘기는 격렬한 사회적 행동, 새 것 추구욕구, 주목받고 싶은 욕망, 위험을 무릅쓰려는 경향, 정서적 불안, 충동적인 행동이 특징이다. 관계가 더 큰 의미를 지니고, 재미와 신나는 경험을 추구하는 것이 우선순위에 놓인다. 또 부정적인 정서와 지루하다는 느낌에 사로잡힐 가능성이 높다. 10대가 더 짜릿한 자극을 추구한다. 그 근거는 쾌감 분자라는 도파민 생산이 사춘기에 정점에 이르고, 심지

뇌에 유익한 다양한 자극

어 행복감을 강화하는 가장 강력한 호르몬인 옥시토신의 생산량도 늘어난다.(이한음) 그래서 깊은 사고에 몰입하기가 극히 어렵다. 쾌감을 주는 화면과 검색과 게임 및 자극적인 SNS에 몰입하기가 쉽고, 영향을 많이 받는다.

바람직한 나(뇌)를 어떻게 만드나?

화면문화, 사이버 문화, 기술의 폐해 등 디지털 기술은 사고 패턴, 인지기능, 생활양식, 문화, 개인적 열망에 영향을 크게 미친다. 그러나 뇌는 자신이 속한 어떤 환경에도 적응하는 탁월한 재능인 가소성(plasticity)을 가져서 항상 바람직하게 대응할 수 있다.(이한음) 믿음은 뇌에 화학적 변화를 일으키므로 신체도 행동도 믿음대로 변한다. 그러므로 나의 뇌 즉 나의 커넥톰을 가장 건강하고 균형 맞으며 건전하게 작동하도록 설정하고 믿자.

인공지능이 실현할 자율주행 차, 사물 인터넷, 드론, 3D 프린터, 상대의 생각 훔치기, 홀로그램 등이 미칠 영향은 곧 심하게 다가온다. 의도적으로 마음을 지키고 깊은 사고를 해야 된다. 좋은 것

계속 보고 가치화화해야 된다. 이렇게 반복하면 새로운 근육이 생기듯 개인화된 뇌 세포가 형성되고 강화되며, 신체도 좋게 변하고, 나이가 들어도 젊고 계속 창조할 수 있다. 사람은 생각만으로도 체내에서 각종 호르몬도 생산할 수 있고, 뇌 세포와 시냅스도 충분히 변화시킬 수 있으므로 늘 자신이 바라는 최선의 상태를 설정하고 생각하면 그렇게 된다.

나(뇌) 안에 있는 젊어지는 샘물

옛 동화에 젊어지는 샘물이란 것이 있었다. 신경과학자들은 실제로 젊어지는 샘이 양쪽 귀 사이에 있다고 한다. 뇌가 달라지면 인생도 달라진다. 단 7가지 원리를 실천해 뇌를 바꾸고 삶의 모든 면을 좋게 해보자.

① 항상 양심에 따른다. ② 항상 평정심을 유지한다. ③ 물질은 물론 정신적 충격도 이긴다. ④ 독소와 공해를 피한다. ⑤ 좋은 음식 적당한 운동 좋은 생각을 한다. ⑥ 사람 원형을 유지하거나 회복되게 한다. ⑦ 뇌 회복은 늦은 때가 없다. 이런 영리한 선택으로 젊은 시절부터 관리하면 노화방지는 물론 알츠하이머병은 없다.

식탐을 버리고 제대로 된 음식만 먹어도 머리가 똑똑해지고 성품은 차분해진다. 음식을 바꿔도 선글라스가 필요할 만큼 뇌와 미래가 밝아진다. 운동이 좋은 이유는 몸뿐만 아니라 뇌를 건강하

마음이 가장 강한 무기

게 만들기 때문이다. 운동은 '많이'보다 꾸준히 해야 젊은 뇌와 맑은 정신을 가지고 행복을 누릴 수 있다. 춤은 뇌와 장수에 가장 좋은 운동이다. 공부하는 학생에게도!

학자들의 연구에 따르면, 우리의 선택에 따라 노화가 촉진되어 뇌가 나이보다 늙어 보이고, 더 나이 먹은 느낌이 들 수도 있고, 노화가 둔화되어 뇌가 훨씬 젊어 보이며, 나이를 거꾸로 먹는 느낌이 들 수도 있다고 한다. 나이 먹기는 선택할 수 없지만, 뇌가 나이보다 젊어 보이고 더 젊은 느낌이 드는 것은 얼마든지 선택할 수 있다고 한다!(윤미나 역, 뇌는 늙지 않는다)

그런데 여기서도 마음가짐이 가장 중요하다. 몸과 마음이 건강한 상태로 행복하게 장수할 수 있는 선물을 받는다고 생각하면, 늘 유익하고 좋은 행동을 유지하기가 쉽다. 실제로 마음을 잘 먹으면, 삶에서 건강을 훔치려고 안간힘을 쓰는 모든 유혹을 물리치고 확실하게 건강을 지킬 수 있다. 실제로 다수의 노인성 질환은 유년

순전히 생각 탓

기나 사춘기부터 시작되며, 비만, 뇌 부상, 우울증, 건강한 지지를 못 받는 인간관계 등과 관련이 있다. 내가 자녀와 손주에게 줄 수 있는 최고의 선물은 건강이다. 몰라보게 젊어 보이고 마음도 젊어진 느낌일 뿐만 아니라 뇌 또한 훨씬 젊어져, 집중력, 활력, 기억력이 개선되는 것도 마음과 실천(음식 운동)에 달렸다.

또 칼로리는 돈과 같아서 필요한 것보다 많이 먹으면 몸은 파산된다. 지혜로운 칼로리 소비는 건강을 위한 필수 요소다. 건강한 음식이 몸에 좋을 뿐만 아니라 맛도 좋고, 뇌를 더 젊고 똑똑하게 한다. 젊어 보이고 장수하고 싶다면, 또 더 건강하고 행복하고 똑똑해지고 싶다면, 반드시 식단부터 관리해야 한다. 적당히만 먹으면 무엇이든 괜찮다고 한다.

그리고 수녀와 신부를 대상으로 한 12년간의 연구에 따르면, 신중하고 "시작한 일은 끝을 보는" 사람들은 알츠하이머병에 걸릴 위험이 낮다고 한다. 자제력이 강한 사람들은 다른 사람들보다 알츠하이머병에 걸릴 확률이 89퍼센트 더 낮은 것으로 나타났다. 불안을 느낄 때는 어깨를 쫙 펴고, 고개를 들고, 꼿꼿이 서서 자신감 있게 웃어보라고 한다. 자신감 있는 자세를 취하면, 뇌는 "이 도전을 감당할 수 있을 만큼 자신감이 있다"는 메시지로 받아들인다.

피부 건강은 뇌 건강을 외부로 반영하는 것이며, 피부는 뇌 상태의 50%를 보여준다. 건조하고 주름진 피부는 기억력이 약해진다는 신호임이 밝혀졌다. 오바마는 6년 동안 열두 살을 먹은 남자라는데, 순전히 스트레스 탓이라고 한다. 스트레스는 호르몬의 변화는 물론이고 근육을 긴장시켜 혈액순환을 방해하고, 여러 장기 활동을 둔화시켜 인상과 피부와도 직접적인 관련이 있다. 살짝 핏기가 돌고 산소가 풍부한 분홍색 피부는 심장과 폐의 건강을 암시한다. 피부에는 엄청나게 많은 혈관이 있는데, 이 혈관들이 혈액순환을 촉진하고, 피부를 청소한다. 심혈관계가 막히고 혈액순환이 제대로 되지 않으면 피부에서 분홍색이 사라지고 늙어 보인다.

그렇다면 노화의 원인은 무엇일까? 나이를 먹으면 여기저기 아픈 곳이 생기고 기억력이 나빠지는 게 당연한 생리 증상일까? 결코 아니다! 우리가 당연히 받아들이는 '나이 탓'은 잘못된 습관과 건강관리 때문에 몸과 마음이 망가진 증상이다. 어린 시절부터 쌓인 뇌 부상, 잘못된 식습관, 생활습관, 운동부족 등이 한계를 넘어, 어느 순간 몸으로 증세가 드러나는 것이다. 오늘 알츠하이머병을 진단받았다면, 그 병은 이미 30년 전부터 시작된 것이다. 알츠하이머병은 초기에 발견하면 충분히 치료할 수 있다. 시기가 조금 늦었다고 해도 더 이상 진행되는 것을 막을 수 있는 약이 개발되었다. 하지만 대개의 사람들이 건망증, 초기 알츠하이머병을 자연스러운 노화 현상으로 받아들이기 때문에 치료시기를 놓치는 경우가 많다. 열쇠를 어디다 두었는지 기억이 나지 않으면, 단순하게 받아들이지 말고 한번쯤 의심해볼 필요도 있다.

뇌도 세포로 이루어져 있으며, 세포는 주기적으로 태어나고 죽기를 반복한다. 죽은 세포가 떨어져 나가면 다시 새로운 세포가 생겨나기 때문에 사실 뇌는 늙지 않는다는 말이 맞다. 그럼에도 불구하고 실제로 뇌는 세월이 지나면서 활동이 둔화되거나 여기저기 망가진다. 뇌가 망가지는 원인은 손으로 꼽기에도 모자란다. 생각나지도 않는 사소한 뇌진탕, 즐겨 먹은 패스트푸드, 뇌를 쪼그라들

산은 그대로지만 뇌는 반드시 바뀐다

게 만드는 비만, 운동 부족, 방치한 우울증, 습관적으로 반복되는 우울한 생각, 홀짝홀짝 마신 술 등, 오늘 하루를 건강하게 살지 못했다면, 오늘 하루 동안 뇌를 망가뜨렸다. 뇌가 스스로 늙은 게 아니라 내가 나의 뇌를 늙게 만들었단 말이다. 새로 태어난 뇌세포를 잘 관리해주면 더 이상 노화가 진행되지 않는다. 아니, 훨씬 더 젊은 뇌를 가질 수 있다.

뇌는 관리하기에 따라 얼마든지 젊음과 건강을 유지할 수 있다. 뇌를 늙히고 망가뜨리는 진짜 원인은 질 낮은 식사, 만성 스트레스, 수면 부족, 과음, 약물 오남용, 유해물질 노출 등의 나쁜 습관들이다. 뇌가 건강해지는 습관만 실천한다면 뇌는 나이와 상관없이 언제나 가장 젊고 건강할 수 있다. 혹시 치매를 진단받았다면, 그 시작은 30년 전부터다. 50세에 치매가 왔다면, 20세부터 뇌 건강이 나빠지기 시작했고, 70대에 치매가 왔다면, 40대부터 뇌가 망가지기 시작했다. 일단 증상이 나타났다면 이미 30년 전부터 시작됐기 때문에 치매는 완치 가능성도 거의 없다. 실제로 노인성 질환의 대부분은 젊을 때부터 시작된다니 나이를 불문하고 지금 당장 뇌 건강에 신경 써야 한다.

그래도 희망은 있다. 자연이 우리에게 준 놀라운 회복탄력성이 있고, 뇌의 탁월한 가소성 때문에 극히 희망적이다. 이는 대단한 비밀 폭로다. 지금껏 뇌를 망치며 살았더라도 뇌는 건강해질 수 있다. 산소결핍, 유해물질 노출, 약물 오남용 또는 사고로 생긴 뇌손상, 비만으로 생긴 뇌 수축, 뇌 감염, 뇌졸중 등으로 망가진 뇌도 얼마든지 건강해질 수 있다. 노화를 늦출 뿐 아니라 심지어 역전시킬 수도 있다. 뇌는 수십 년 전에 손상됐더라도 치유와 기능 향상이 가능할 만큼 회복력이 강하다.

뇌가 바뀌어야 인생이 바뀐다. 뇌는 식사, 수면, 성생활의 기본욕구뿐 아니라 생각, 느낌, 행동, 인간관계 등 모든 일에 관여한다. 몸과 마음과 삶을 운영하는 사령탑으로 뇌가 제대로 작동해야 삶이 제대로 돌아간다. 뇌가 건강하면, 행복해지고, 건강해지고, 부유해지고, 현명해지고, 유능해지고, 더 나은 결정을 할 수 있다. 뇌가 건강하지 못하면, 우울해지고, 아프고, 가난해지고, 어리석어지고, 무능해지고, 더 나쁜 결정을 하게 된다. 뇌가 건강하면 삶이 건강해진다!

맑은 정신을 오래 유지하고 더 영리하게 생각하고 싶다면 뇌가 건강해야 한다. 뇌 건강은 새로운 통찰을 배우고 삶을 변화시킬 동기를 얻으면 더 젊어지고 더 멋진 사람이 될 수 있다. 뇌를 바꾸면 삶이 달라질 뿐 아니라 삶을 질적으로 개선하고 양적으로 연장

할 수 있다! 신체 건강과 밀접하게 연결되어 있다. 생물학적인 나이를 바꾸고 싶다면, 인생을 바꿔줄 이 혁명적인 내용을 반드시 실천하기 바란다. 우리 뇌와 인생에 대한 권리를 되찾기에는 너무 늦은 때도 너무 이른 때도 없다. 지금 시작하면 된다. 그러면 희망이 너무 밝아 선글라스를 써야 될 것이다.

나는 천성과 환경의 산물

출생 3일 만에 서울의 길거리에 버려진 김종숙이란 여자아이가 고아원을 통해 6개월 후 프랑스로 입양됐다. 그런 아이가 39세에 프랑스 정부의 장관이 되었다. 프랑스 엘리트들과의 경쟁에서 초고속 승진했고, 정계에 입문해 올랑드 프랑스 대통령의 오른팔이 됐다. 올랑드 대통령은 취임과 동시에 중소기업 · 혁신 · 디지털경제 담당 장관으로 그를 지명했다. 유럽을 통틀어 최초의 한국계 장관이다. 여기에는 어떤 비밀이 있을까?

원자물리학자인 프랑스 아버지는 그에게 꽃(Fleur)이라는 이름을 지어줬고, 사랑과 인품과 지혜를 주었으며, 큰 인물이 되도록 지원했다. 펠르랭은 자신이 입양아라는 사실도 담담하게 직시하며, "한국과 프랑스를 연결하는 다리 역할을 하게 돼 영광이다. 한국이

천성과 환경

입양아들에 대해 죄책감을 느낄 필요는 없다"고 한다. 여기에도 숨겨진 비밀이 있다!

　　그는 2014년 1월 15일 서울에서 한국을 해외에 알린 이들에게 수여하는 징검다리 상을 받았다. 한국 이미지커뮤니케이션 연구원이 매년 1월 국내외 여론을 수렴해 수여하는 상이다. 시상식 직후 인터뷰에서 펠르랭 장관은 사안에 따라 불어와 영어를 섞어 답했다. 그는 영어 생활권에서 거주한 적이 없지만 유창한 영어를 구사했다. "집무실에 걸린 멋진 그림도 자신이 직접 그렸고, 프랑스 방송무대에 설 정도로 노래도 수준급이며, 요리 솜씨도 뛰어난 사람이 겸손하기까지 했다"고 전한다. 천재라는 칭찬에 자신은 단지 천재를 모방하는 평범한 사람이라고 했다. 이것도 비밀이다.

　　그는 16세에 프랑스의 대학입학자격시험에 합격했다. 프랑스 상경계열 명문으로 손꼽히는 고등경영대학원과 고위 공무원 양성학교인 국립행정학교(ENA)를 졸업했다. 남편 로랑 올레옹 역시 국립행정학교를 졸업한 고위 공무원이다. 펠르랭 장관의 ENA 졸업 성적은 상위 15% 안에 들었고, 그는 희망했던 기관인 감사원에 들어가 공직 생활을 시작했다.

단계별 필수 자극 있어

그의 업무가 중소기업·혁신·디지털경제라 한국과 인연이 많으며, 한국을 디지털경제 시대의 선두주자로 보았고, 한식도 프랑스뿐 아니라 유럽과 한국과의 중요한 가교 역할을 할 수 있다고 보았다. 또 한국의 노래방에도 꼭 가보고 싶다고 했다. 그가 특별히 강조하는 것은 그의 사회적 성공비결은 프랑스의 공교육과 부모 덕분이란 것이다. 또 의지할 것은 오로지 자신의 노력과 끈기 및 인내라고 해서 타고난 천성보다 후천적 환경과 자신의 삶을 높이 샀다.

여기에 숨겨진 비밀은 우리를 한 없이 행복하게 한다. 과연 그 비밀은 무엇일까? 어떻게 나자마자 길거리에 버려지고 양부모의 손에서 자란 사람이 그렇게 능력이 탁월하며 갖추어진 인품일까? 인간은 반드시 타고난 것과, 생후의 환경지원이 합해서 한 인물이 된다. 아무리 탁월한 DNA를 가지고 태어나도 그 DNA가 제대로 발현되도록 성장과정의 지원이 없으면 절대 그대로 되지 않는다. 또 출생의 비밀을 몰라도 그 후 성장과정에서 필요한 지원을 제대로 해주면 얼마든지 양질의 탁월한 사람이 된다.

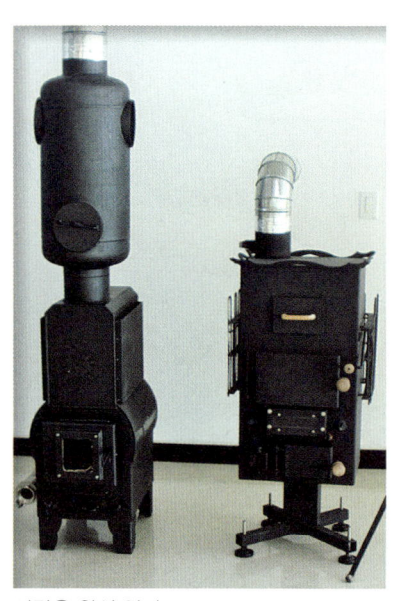
사람은 완성 없어

이것은 대단한 비밀이며 희소식이고 복음이다. 인간은 어느 경우에도 실망이나 절망이 아니라 다시 새롭게 되도록 DNA발현 실시간 조절이 가능하다. 오로지 인간에게만 주어진 특혜며 대단한 복이다. 이 기능을 누리고 살면 누구나 복이 터진다!

　　12세까지는 사람이 될 모든 바탕을 몸과 뇌에서 두루두루 다 갖춘다. 그리고 삶에서 신체와 정신적으로 또 다른 차원인 청소년이 되어 인생에서 처음 맞는 소용돌이를 겪게 된다. 체력이나 체격이 거의 성인이 된다. 그리고 19세부터 청년이며 성인(成人)대접을 받는다. 태어나서 18년을 자라야 사람이 된다는 것은, 사람이 되려면 그만큼 갖출 것이 많다는 의미다.

　　"사람이면 다 사람인가 사람이 사람다워야지"라는 말이 있다. 생김새나 종(種)이 사람이라고 해서 사람이 아니란 말이다. 그래서 바람직한 사람이 되려면 몸과 마음과 정신과 영혼이 다 제대로 갖춰져서 어떤 면으로든 다른 사람과 더불어 살며 다른 사람에게 도움을 줄 수 있어야 된다.

　　19세를 성인으로 인정하는 것은 한국의 민법이고, 심리적으로는 자신의 행동을 스스로 결정할 수 있고 자신의 행동에 책임질 수 있는 정도로 성숙한 상태를 성인이라고 한다. 사회적으로는 직업이 있고 납세의무 등 의무를 수행해야 된다.

거친 비바람 맞으며 자신을 형성

이런 상태가 바로 다른 사람에게 도움을 주고 사회적으로 기여하는 것이다.

사람은 생명체이므로 아주 근원부터 다시 봐야 된다. 대체로 수정 후 착상된 상태부터 생명체로 본다. 세포부터 생명으로 본다면 정자는 정세포, 난자는 난세포니까 수정 전부터 생명은 있다. 그러나 사람은 두 염색체가 합해서 완전한 수정세포가 되어야 최초의 사람 세포가 된다. 그 후 자랄 수 있게 엄마의 자궁벽에 완전히 자리를 잡아야 사람삶이 시작된다.

그런데 정세포나 난세포는 물론 최소한 영아까지는 자신도 모르게 성장한다는 것을 알아야 된다. 태중에서는 자신도 모르게 몸과 마음이 생후의 환경적응에 알맞게 준비된다. 태어나서 3년까지도 절대 의존상태로 보호를 받으며 주는 대로 먹고 자랄 뿐이다. 특히 신체성장은 물론, 정신이 자라는 것도 자신의 생각이 작용하는 것은 유아기는 되어야 가능하다.

천지인 통합

이게 몸에 좋으니까 이것을 먹자, 인사는 예절이니까 잘 해야지, 아파트 위층에서 쿵쿵 뛰면 아랫집이 시끄러우니까 뒤꿈치를 들고 다녀야지 등으로 생각하는 것은 4살은 되어야 가능하다. 그것도 자신이 스스로 하는 게 아니라 부모와 다른 사람의 도움을 받아서 알게 된다. 물론 그 후에도 소년기까지는 몸이나 마음이 자라는데 필요하거나 좋은 것을 스스로 결정하고 선택하기보다는 부모를 포함한 다른 사람들의 영향을 많이 받는다.

그래서 사람은 종합적으로 선천과 후천이 합해서 한 인품이나 인격이 형성된다. 대체로 소년기까지는 선천적인 것과 환경의 영향이고, 청소년기부터는 상당 부분 자신의 선택에 의한 것이며, 성인이 되면 100% 자신의 책임과 선택으로 일생 자신의 커넥톰(connectome)을 형성해간다.(승현준) 그래서 나는 나의 커넥톰이라는 것이 자신을 가장 잘 표현하는 말이다.

양자의학에서는 수정되는 순간, "난자와 정자, 에너지 장, 마음"이 있어야 사람이 되고, 여기서 "마음"이란 바로 태아의 마음이며, 그때까지 사람들의 삶을 통해 축적된 의식체라고 본다. 유전이란 유전자라는 하드웨어가 아니라, 유전자가 가지고 있는 에너지장에 의해 전달될 뿐이다.

따라서 순전히 "세포를 형성하는 물질과 그 영양 상태와 당시 유전자의 환경을 결정하는 생활의 건전성이, 유전현상과 내용을 결정한다. 그러므로 부모의 생각과 건전한 삶이 미치는 영향은 거의 절대적이다. 모든 사람은 육체 주위에 의식에 해당되는 에너지장을 가지고 있기 때문이다!"

이처럼 발생하는 순간 "마음"이 참여하기 때문에, 결국 유전현상은 그런 "마음"의 영향을 많이 받을 수밖에 없고, 따라서 양자의학은 유전자 결정론을 인정하지 않는다.

사람은 장기, 조직, 세포, 분자로 구성되고, 유전자는 단지 인간을 구성하는 분자 중의 하나일 뿐이며, 그것도 세포의 가장 깊숙한 곳인 핵의 DNA 속에 감추어져 있다. 그래서 DNA가 인간의 육체적, 정서적, 정신적 행위 일체를 조절할 수는 없으며, 유전된 대로 이루어지려면 후천적 환경이 적합해야 된다. 유전자는 신체가 환경에 적응하도록 설계대로 발현하거나 변질되어 발현하기도 한다. 그래서 사람은 반드시 타고난 상태와 성장 후 환경의 영향이 합해서 계속 형성되어간다.

사람은 완성이 없다. 처음에는 순전히 타인을 통해 창조되다가, 청소년기부터는 환경적응을 위해 자신이 최선의 선택을 하고 스스로 자신의 가치가 높아지도록 자신을 창조해야 된다. 그래서 산다는 것은 자신의 가치를 계속 높이는 것이다.

자궁에 착상하는 배아는 불과 108개 정도의 세포로 되었으며, 이들은 모양도 DNA도 똑같다. 그러다가 어느 날 갑자기 뇌, 심장, 콩팥 등으로 분화되면서 DNA의 기능도 전혀 달라진다. 참으로 경이로운 발생의 신비다. 이는 사람의 DNA 중 불과 2%정도에 부여된 코드가 그렇게 만든다. 즉, 사람은 태아부터 육체적 영적 존재이기 때문에, 우주지능 또는 초월의식이 설정한 질서에 따라 그렇게 진행된다. 게다가 코드가 없는 98%의 DNA작용에 의해 무한한 창조활동도 할 수 있다. 이런 비밀을 누리고 살아야 더 가치 있는 삶이다.

나는 우주에서 유일한 전문인

유엔 사무총장, 미스 유니버스, 올림픽 금메달리스트 등은 전세계에서, 대통령은 한 나라에서 단 한 사람뿐이다. 사람은 독점적 전문가가 되면 그만큼 유리하기 때문에, 수많은 사람들이 다 자기 분야에서 최고가 되려고, 어마어마한 노력을 한다. 그런데 많은 사람들이 꼭 남이 하는 것만 따라서 하는 경우가 있다. 이는 피나는 경쟁을 넘어 살인적 수준이랄 만큼 치열한 상태를 자초하여 스스로 무덤을 파는 것과도 같다. 남과 다른 전문가가 되면 언제나 스카웃 대상 1호가 된다. 이런 사람이야말로 독점적 지위를 맘껏 누릴 수 있다.

지상에는 이미 70억이 넘는 사람이 살고 있다. 그 많은 사람들 중에 똑 같은 사람은 하나도 없다. 인종이 다르거나 부모가 달라서가 아니라 같은 민족이 70억이라도 같은 사람은 있을 수 없다. 왜 모든 사람을 서로 다르게 태어나게 했을까? 모든 사람들이 다 제값을 인정받고, 서로 자신이 잘 하는 것으로 남을 도우면서 신나게 살라고 하늘이 그렇게 보냈다(고전12). 똑 같은 사람이 있으면 같은 일을 놓고 서로 경쟁을 해야 되고, 어느 한 사람은 반드시 그것을 못하게 된다.

한국은 근 5천년 역사와 찬란한 문화를 이어 받고 수많은 위기를 이긴 창조적 민족이다. 학자들 말로는 세대를 거듭할수록 지능이 더 높아지고 더 많은 지적 유산을 물려받는다. 우리는 축적된 조상들의 지혜를 맘껏 누릴 수 있다. 보이는 유산은 물론, 그 누구도 흉내나 탈취도 못하는 안 보이는 보배를 막대하게 물려받았다.

세계최고 천문학(문화재청)

우리는 지하자원이나 자연자원이 부족한 대신 탁월한 양질의 유전자가 거대하게 유전되었다. 홍익인간의 건국이념과 세계평화와 인류공영에 이바지하는 헌법정신은 우리만 할 수 있다. 우리 선조들이 얼마나 탁월한지 확실히 알고 자부심을 갖되 자만하지 말고 겸허하게 성실히 자신을 계속 개발하는 한, 우리의 가치는 개인과 국가적으로 거대하게 향상된다.

오늘날 세계적으로 주요한 각 분야 정점에는 유대인들이 자리잡고 있는 경우가 많다. "세계 속에 영향을 미친 유대인 100명"이란 책에는 모세, 솔로몬, 예수, 바울 등 바이블의 인물과, 공산주의 칼 막스, 심리학자 프로이드, 화가 샤갈, 상대성 이론가 아인슈타인, 세계적 지휘자 번스타인, 외교가 키신저, 쉰들러 리스트와 쥬라기 공원을 만든 스필버그 등이 있다.

이스라엘 백성들은 작은 것 같지만 큰 사람들이다. 지금까지 노벨상 수상자를 가장 많이 배출한 민족이 유대인이다. 세계경제는 유대인이 장악하고 있고, 과학기술, 전쟁무기, 영화, 보석, 디자인, 의료기술 등 전통이 긴 분야는 물론 첨단과학까지 거의 유대인이 좌지우지 한다. 유대인들은 숫자는 작으면서도 어떻게 그렇게 우수한 민족이 되었을까? 그런 힘은 어디에서 나올까? 정말로 우리가 그렇게 강조하는 머리가 좋아서인가? 그들의 머리가 보통이상이지만 최고는 아니며 오히려 한국인의 지능지수가 세계 1위다. 그럼 유대인의 탁월함은 어디서 나올까? 한 마디로 말하면 구약과 탈무드 등을 근거로 한 독특한 민족교육 체제 덕이다.

그들이 그렇게 된 데는 탈무드와 더불어 더 무섭고 중요한 것이 그들의 역사에서 겪은 고난이다. 그들은 원래 유목민이라 떠돌이이기도 했지만, 다른 나라의 포로생활과 난민생활을 많이 했기 때문에, 여러 나라에 흩어져, 수많은 문화충격으로 인한 배움과 인고의 세월로 터득한 지혜가 참 많다. 이루 말로 다 할 수 없을 정도로 그들은 많은 나라의 문화를 수용하고 유전시켰다. 그런데 그게 한 대에 끝난 것이 아니라 근 2천년이나 되었으니, 그들이 모은 지혜가 다채롭고 엄청날 수밖에 없다.

그들을 포로나 노예로 삼아 의도적으로 완전히 삼키려했으나 못한 나라들이 많다. 이집트가 이스라엘을 삼킨 적이 있었지만 430년 만에 소화를 못시켜 토하고 말았다. 바벨론이 삼켰으나 역시 토했고, 앗수르도 예외가 아니었다. 로마도 정말 자신 있게 삼켰어도 별수 없이 뱉고 말았다.

여기까지 왔으면 어느 나라든 지칠 만도 하고, 스스로 눈치를 채서 유대 삼키길 포기할 만도 한데 그렇지 않았다. 독일은 또 그렇게 잔인하게 아예 씨를 말리려고 했지만 역부족이었다. 그리고 심지어 소련까지 나섰지만 역시 그들은 더 비참하게 토해내고 말았다. 그래서 유대인들은 스스로 누가 삼켜도 소화 시키지 못 하고 토

우리도 세계 제일이 많다(문화재청)

해놓을 것이라고 확실히 믿고 있다.

유전학의 주장은 자식들에게 좋은 것은 계속 유전된다니까, 그들이 노예나 포로 또는 난민생활에서 체득한 우량요인만 후대에 유전되어, 오늘날 여러 부문 꼭대기에서 막강한 영향을 미칠 수 있게 되었다. 지배층이었으면 굳이 적응되거나 더 나아지기 위한 정신적 신체적 노력을 하지 않아도 되었겠지만, 포로나 노예나 난민은 생존을 위해 항상 긴장하고 피나는 노력을 해야 했다. 그러는 동안 언제 어떤 상황 그 누구에게도 적응될 수 있는 처세술은 물론, 어떤 분야에서 최고가 되는 전문성을 습득하거나 고안해야 했다. 그리고 그것은 항상 선한 가치를 창출하는 면으로 분출되었고 활용되었다. 이렇게 2천년 정도 다듬어진 지혜와 재능과 지능이 항상 업그레이드되고 새롭게 되었으니 지금은 누구도 따를 수 없게 되었다.

이것이 바로 우리가 가진 최고의 자산이다. 우리도 긴 고난을 겪은 탁월한 민족이고, 나는 우주에서 유일한 존재다! 그런 독특한 가치를 만들 수 있고 만들어야 된다!

퇴로가 차단된 인생

인생은 영원하다

"인생은 나그네길, 어디서 왔다가 어디로 가는가? 구름이 흘러가듯 떠돌다 가는 길에, 정일랑 두지 말자, 미련일랑 두지 말자. 인생은 나그네길, 구름이 흘러가듯 정처 없이 흘러서 간다!"(최희준 하숙생) "인생은 미완성 쓰다가 마는 편지, 그래도 우리는 곱게 써가야 해. 사랑은 미완성 부르다 멎는 노래, 그래도 우리는 아름답게 불러야 해. 인생은 미완성 그리다 마는 그림, 그래도 우리는 아름답게 그려야 해. 인생은 미완성 새기다 마는 조각, 그래도 우리는 곱게 새겨야 해!"(김지평 작사)

인생은 아름다워라는 영화가 있다. 영화를 좋아하는 사람이라면 누구나 한번쯤은 봤을 것이다. 국내는 물론 1999년 제 51회 아카데미에서는 감독상, 음악상, 편집상, 외국어 영화상, 작품상, 남우주연상, 각본상 등을 휩쓸었다. 전쟁의 아픔과 슬픔, 자식을 위한 아버지의 마음, 아내를 향한 남편의 사랑 그리고 어떠한 상황에서도 긍정을 잃지 않는 마음을 가득 담은 영화다.

주인공 아버지는 교묘한 거짓말을 통해 아들이 수용소의 잔인한 상황을 알아채지 않도록 보호하며, 아들에게는 그들이 게임을 하고 있다고 말한다. 무시무시한 상황을 코미디로 바꿔 아들을 안심시키는 아빠의 사랑이 감동을 준다.

어떤 사람들은 "이래도 한 세상 저래도 한 세상, 한 번 살고 가는 삶 대충대충 되는 대로 살아보세!"라며 절망적인 표현을 한다. 그냥 자기도 모르게 태어났다가 주어진 삶이니 되는 대로 살다가 가면 된다는 식이다.

그러나 앞에서 본 두 개의 가요는 인생은 미완성으로 그냥 끝나는 게 아니다. 어디론가 가고 있고 뭔지는 몰라도 글과 그림과 조각을 완성하려고 한다. 영화는 아주 구체적으로 극한 상황의 비극을 코미디로 바꿔 아들의 삶을 더 풍요롭게 만든다.

그런데 이런 내용을 양자물리학자들이 생명체의 생성과 존재 원리를 통해 아주 명확하게 해두었다. 즉 사람의 삶을 물리적으로 아주 작은 첫 시작점에서 계속되는 과정을 눈에 보이도록 그려놓았다. 그리고 끝나는 게 아니라 영원히 계속된다고 했다.

생명체는, 가장 작은 "쿼크(원자의 1/1억)→ 양(중)성자(원자의 1/10만)→ 원자핵(원자의

인생은 완성이 아닌 계속 향상

1/1만)→ 원자(1)→ 분자→ 세포→ 조직→ 장기→ 개체"로 발달한다. 퀴크나 양자 수준에서는 상상도 못할 새로운 생명체가 된다. 정말 아찔할 정도로 미세한 입자들의 활동이 쉴 새 없이 전개되어 하나의 완전한 생명체를 만들어내고 있다. 물론 미세한 입자들만 모여서 생명체가 되는 것은 아니고 반드시 정보−에너지장이 작용해야 된다. 어떤 학자들은 한 생명체의 근원을 바로 우주공간에 꽉 찬 "활성정보 안에 있는 양자들 중, 같은 파동끼리 모여 선한목적을 이루기 위한 보다 상위의 존재로 진화하는 힘(에너지, 의식)"이라고도 한다.

이렇게 동일 파동이 모여 원자라는 입자가 되고, 그 원자 역시 동일한 파동의 다른 원자와 합해 분자가 되며, 분자도 동일한 진화 과정을 거쳐 세포가 된다는 것이다. 더욱이 이들이 상위의 단위로 진화하는 것은 언제나 보다 나은 선한 목적을 지향하면서 반드시 이웃에 좋은 도움이 되어준다. 또한, 혹시라도 손상을 입으면 스스로 회복하는 자기치료 기능도 있어서 항상 원래의 모습으로 복원된다. 이렇게 세포는 다시 상위의 조직으로, 조직은 장기(臟器)로, 그 다양한 장기(신체의 각 부분)들이 모여서 완전한 개체인 사람으로 된다.

이런 현상은 물질의 내장질서인 자기조직화에 의해 높은 차원의 선한 목적을 향해 진화되고, 이웃에 유익한

몸에는 필수품만 모여

영향을 끼치며, 상한 부분을 서로 도와 치료하면서 회복하므로, 완성된 하나의 개체는 반드시 엔트로피를 증가시키지만, 하나의 개별 생명체로 완성되기까지는 엔트로피를 감소시키고, 죽음 대신에 생명이 유지된다니, 참으로 경이로운 자연현상이다.

미세 에너지가 아름다움 만들어

또 인체에는 고유의 양자에너지장(quantum field)들이 있고, 필요하면 고차원으로부터 양자에너지를 흡수 하여 조직을 안정시키기도 한다. 양자물리학자 데이비드 봄은 "인체에는 전자기에너지가 있고, 전자기에너지에는 양자에너지, 양자에너지에는 초양자 에너지가 있으며, 초양자 에너지에는 활성정보가 있는데, 이 활성정보가 바로 의식에너지"라고 했다. 또한 모든 물질의 가장 기본이 되는 미세에너지는 다음과 같은 특성이 있다고 했다.

"미세에너지는 생물과 무생물 모두에 들어있고 주위의 공간에도 있기 때문에, 사람 몸속의 미세 에너지는 환경의 미세에너지와 상호작용으로 평형을 유지한다. 즉, 미세에너지 차원에서 보면 인간은 다른 사람, 다른 생물, 다른 무생물, 그리고 우주공간 등과 에너지를 교환하는 개방계다.

인체의 미세에너지가 개방계이기 때문에, 그것이 확대되면 전지구적 의식으로 이어지고, 따라서 어느 개인, 사회 혹은 국가의 에너지 흐름이 붕괴되면 전 지구적 질병으로 나타날 수도 있다. 그러니 세상을 아무렇게나 살면 나는 물론 남을 해치거나 망하게도 한다.

사람의 생각하는 힘이 이렇게 대단하다는 것을 잘 활용하면 정말로 거의 도깨비 방망이 수준의 도구로도 쓸 수 있다. 그런데 더 놀라운 것은 생각하는 마음은 사람이 죽은 후에도 소멸되지 않고 계속 의식으로 우주에 남아 축적된다고 한다. 따라서 아무도 무책임한 생각이나 행동을 하지 않고 진선미가 이루어지게 하여 끊임없이 선한 영향력을 미쳐야 된다. 유전으로 후대에 이전되는 것은 물론 일상의 삶에서 참된 좋은 생각이 많아야 후대에 간접으로 더 좋은 환경을 만들어준다. 영원히 영향을 미친다.

생명=기=사랑

인도의 어떤 요기는 15일간 물 한 방울도 안마시고 살아 있었는데, 그는 명상을 하면서 사랑 가득한 생명에너지를 마셨기 때문에 음식이 필요 없다고 했다. 실제로 사람이 몸뿐이라면 도저히 불가능하지만, 양자물리학은 사람이 몸과 에너지와 마음이 합한 것이라 가능하다고 본다.

같은 꽃나무 두 그루를 심어두고 같은 거름을 주면서 다른 조건은 다 같이 하면서 한 가지 차이를 두었다. 한 나무에게는 "예쁘다! 잘 잤지! 사랑해! 등" 사랑의 말을 해주었다. 이상하게도 1개월 후 두 나무는 현격히 차이가 났다. 즉 사랑의 말과 관심을 준 나무가 훨씬 더 아름답게 자랐다.

실제로 모든 생물은 세포와 개체의 에너지 장을 가지고 있다. 앞의 나무 잎을 잘라서 키를리안 카메라로 찍어보면 잘린 부분에 일정한 형체를 가진 에너지 장이 보인다. 그것을 생명체의 영체라고 한다. 그런데 그 영체는 모두 사랑덩어리이며 사람도 그렇다. 사람의 영체는 영혼이며 영체는 사랑으로 살아간다고 한다.(김상운) 몸은 음식을 안 먹으면 죽지만 영체는 음식을 안 먹어도 영원히 생존하는 사랑 덩어리다. 그 사랑에서 지능과 생명과 에너지 등 원하는 모든 것이 나온다.

평범하게 살던 사람이 200억의 복권에 당첨되면 95%이상이 5년 내에 인생이 망가진다고 한다. 사람이 실제로 몸뿐이라면 물질이면 충분한데, 영혼이 있는 사람에게는 사랑이 채워져야 된다. 심지어 갓난아기는 엄마의 사랑이 없으면 지능발달도 안 된다. 복권

의 돈이 사랑을 다 잘라버리기 때문에
망가지고 만다.

원래 사람은 가장 뜨겁게 사랑
하는 사람 사이에서 가장 순수하게
사랑하는 순간에 생긴다. 그래서 살아
있는 사람은 사랑덩어리라고 할 수 있
다. 사랑에서 생겨났기 때문이다. 그
런데 유전학은 사람을 글자나 정보덩어리

사람은 사랑에서 나

라고도 한다. 또 양자물리도 사람을 에너지와
정보라고 한다.

살아있는 몸을 구성하는 세포 속에 프로그램이 있는데 그것이
유전자다. 유전자는 켜졌다 꺼졌다 변질되었다가도 회복 된다. 그
래서 우리는 희망이 가득하다. 그리고 그렇다는 것을 아는 것이 힘
이다. 얘기를 듣고 기뻐지면 엔도르핀이 생성된다. 이때 유전자가
작동하기 때문이다. 부모 형제나 친구와 아주 긴밀한 얘기를 했을
때 서로 본심 즉 진실이 통할 때 참으로 기뻐진다. 그 진실이 통할
때 유전자가 작동되어 엔도르핀을 생성하기 때문이다. 때로는 진심
이 통하면 서로 붙잡고 울기도 한다. 이렇게 유전자는 스스로 인식
하여 작동한다.

인체는 세포로 구성되어 있고, 세포 속에는 4종류의 염기가
일정한 순서로 배열되어 있다. 유전자 변질은 배열순서가 바뀌는
것이다. 배열된 염기서열이 변하면 세포가 변한다. 염기서열은 안
변했는데 유전자가 꺼져 있어도 문제가 되고, 켜져 있어도 염기서

열이 변질 되면 병이 생긴다.

유전자는 과학자들이 읽을 수 있는 글자 TGCA로 되어 있고 우리 몸은 복잡한 여러 개의 프로그램으로 되어 있으며, 이 프로그램을 작동시키는 것이 바로 생명이다. 세포 속에 배열되어 있는 네 가지 염기들의 배열순서가 변하면 질병이 생기는데 그 상태가 바로 유전자가 변질된 상태다. 그럼 무엇이 유전자를 변형시키고 또 회복시키는가? 그게 생명이다. 염기서열을 회복시키면 모든 질병은 완치된다.

유전자가 작동하다가 꺼졌다면 생명이 없어졌다. 우리 몸에는 매일 암 세포가 5000개 정도 생성되나 T임파구가 그것을 죽여서 암에 걸리지 않는다. 만약에 T임파구가 작동하지 않으면 당장 암에 걸린다. 그게 바로 생기(氣)이고 세포와 개체의 에너지 장이다. 기가 바로 생명이고 힘이다.

심한 우울증을 앓는 것은 전기가 거의 꺼진 상태이며, 그 때를

사람은 아름다운 것을 보면 기가 산다

기가 푹 죽은 상태라고 한다. 왜 그렇게 기가 푹 꺼지나? 분노 실망 두려움 걱정 근심 억울함이 가득해 유전자들이 하나씩 꺼져가서 그렇다. 이럴 때 가끔은 전기치료로 깨우기도 한다. 그러나 그것이 영구적 치료는 아니다.

영구적 치료 방법은 생기로 충전해야 된다. 그 생기가 바로 사랑이다. 사람은 생기제품이고 영체이기 때문에 사랑이 충전되면 모든 것이 다 고쳐진다. 이런 사례가 있다.

어떤 여자가 시골 부잣집 외아들에게 시집을 갔는데, 첫째 딸을 낳고 두 번째는 아예 딸 쌍둥이를 낳았다. 그만 시아버지가 기절했다. 네 번째도 또 딸이라 이번에 시어머니가 기절했다. 그래서 여자가 기가 죽기 시작하여, T임파구가 죽기 시작했고, 체질이 점점 약해져, 과민성 체질이 되더니, 우울증에 알레르기 천식까지 겹쳐왔다. 약으로는 도저히 안 된다는 진단을 받았다. 이런 경우 유전자를 살려야 되는데, 도저히 길이 없어 여자가 거의 죽게 되었다. 그런데 마침 미국에서 이상구 박사가 그런 것을 잘 고친다고 들었지만 당장 돈도 없었고 농사철이라 걱정만 하고 있었다. 그 때 남편이 중대 결단을 내렸다.

그래 이번 추수 끝내고 "논 팔아서 미국으로 치료 받으러 가자. 길어야 6개월이면 된다니까 충분히 가능하다"면서 약속했다. 그런데 논 팔아 이상구에게 가자는 남편의 말에 감동해 추수할 때

싱싱한 유전자들

까지 다 나아버렸다. 즉 남편의 사랑에 감동하고 생기를 받아서 다시 살아났다.

　이렇게 진심과 진실이 기(氣)이고 사랑이 기다. "거짓에 너무 억울해 기가 막혀 기절하고, 너무 악한 일 당할 때도 기가 막히지만, 기가 막히게 아름다우면 기가 살아난다. 가장 아름다운 것이 사랑이고, 가장 선한 것이 사랑이며, 가장 진실한 것이 사랑이다. 그런데 의심하면 기가 떨어져서 몸도 아프지만 일이 제대로 안 된다. 그래서 생명은 의심 없는 절대 신뢰와 사랑과 가득한 희망이다. 삶은 사랑이고 사람도 사랑이다.

생명=질서+가치+쓸모

　아무리 새 차라도 번호판만 달면 중고차가 된다. 그래서 차 값이 확 떨어진다. 그렇게 앙증맞고 요염하여 숨이 막힐 정도로 아름답던 미인도 세월이 가면 쪼글쪼글해진다. 막 훈련을 끝내고 기성부대에 배치된 신병은 기압이 바짝 들었다고 한다. 그런데 몇 개월만 지내면 언제 그랬냐는 듯이 느글느글해진다. 심지어 상급자나 고참병들에게 대드는 경우도 있다.

　이런 현상을 물리의 열역학 제2법칙인 엔트로피(Entropy)라고 한다. 그 핵심은 모든 물질은 반드시 한 방향으로 흐른다는 의미다. 즉 쓸모 있는 데서 없는 데로, 가치 있는 데서 없는 데로, 그리고 질서에서 무질서로 흐른다. 그래서 엔트로피 현상을 무질서의 증대 또는 폐기물의 증대라고도 한다. 우리의 삶에서 아무도 아무 것도 이 법칙에서 예외(골동품 제외)가 없다. 이 현상을 이겨야 생명력을 유지할 수 있고 경쟁력을 가질 수 있다.

　그런데 학자들이 말하는 생명의 특성 중 가장 첫 번째가 "생명체는 질서정연한 배열 구조"라고 한다.(윤치영 외 역, 생명과학 3판) 실제로 동물이나 식물 어떤 것도 몸통을 구성하는 세포들의 배열이 그렇게 질서정연할 수가 업다. 예를 들면 정말 아름다운 미녀를 8등신 미인이라고 한다. 정확히 8등신이란 완벽할 질서의 대표적인 예다. 만약에 7과 10분의 9가 되어도 모자라서 완벽한 미인은 아니란 의미다.

　또 양자물리학이 말하는 생명체 생성과정을 봐도 고도의 질서가 이루어지고 있다. 우선 최초의 미립자는 아무렇게나 흐트러져 있지만, 그들 중 일정한 의도가 있고 진행방향을 아는 미립자들이 모인다. 여기서 의도가 없거나 의도가 다르면 서로 모이지 않으니까 어떤 생명체가 될 수 없다. 또 진행방향이 달라도 서로 모이지 않으니까 생명체가 될 수 없다.

반드시 동일 파동으로 의도와 방향이 같은 미립자가 모여서 양성자와 중성자가 되고, 원자핵이 되며, 전자와 합해서 원자가 된다. 역시 동일한 질서를 가진 원자들이 모여 분자가 되고 동일한 파동의 다른 분자와 합해서 세포가 되어, 최초의 생명단위가 된다.

그러므로 무질서 상태로는 절대로 생명체가 될 수 없다. 또 생명체가 건강하기 위해서도 반드시 질서를 유지해야 된다. 신체 일부가 아프다거나 이상이 있다는 것은 세포 안에 있는 염기서열의 배열질서가 파괴된 현상이다. 인체는 세포로 되어 있고, 세포에는 4종류의 염기(TCGA)가 일정한 순서로 배열되어 있다. 철저히 질서

건강한 사람과 건강한 도시는 질서정연

정연한데 이 배열순서가 바뀌어 무질서가 되고 돌연변이가 생기면 세포가 변해서 질병이 생긴다. 그래서 그 무질서가 점점 증가해서 극에 달하면 그만 그 생명체는 죽고 만다.

무질서가 극에 달해서 죽는 사례가 바로 자동차 바퀴에 깔려 죽는 짐승들이다. 아주 귀엽고 예쁘게 생긴 토끼가 밤에 길을 건너다 달리는 자동차에 치이면 그냥 납작한 마른 오징어보다도 더 못한 몰골이 되고 만다. 살아 있던 토끼의 신체에 있던 완벽한 질서가 무참히 망가지니 금방 생명이 없어진 것이다.

살아 있는 우리 몸은 복잡한 여러 개의 염기서열과 그것이 정상으로 작동되게 하는 프로그램으로 되어 있다. 이 프로그램을 작동시키는 것이 생명이며, 프로그램을 유전자라고 한다. 만약에 서열이나 프로그램이 질서가 흐트러지면 병이 생기고 죽게 되는데, 치료한다는 것은 무질서로 변한 서열을 바로 잡거나, 그 세포들의 작동을 지휘하는 프로그램을 정상화하는 것이다. 우리 몸이 아무리 복잡해도 질서가 정연하기 때문에 과학자들은 염기서열의 문자배열을 읽어서 고장을 진단하고, 거기에 맞게 처방을 하고 수리하여 질서를 회복시킨다.

모든 생물체는 아무리 복잡해도 반드시 아주 질서정연한 구조로 되어있다. 아주 작은 꽃에서 뇌쇄적인 미색의 여체까지 질서가 정연한 배열구조를 유지하기 때문에 아름답다. 사람의 생명력이 왕성하게 목표를 달성하기 직전에는 반드시 진공상태에 들어간다. 즉 "마음을 텅 비울 때 뇌파의 주파수가 우주의 질서를 유지하는 7.8hz와 일치한다!"는 말이다.

아름다움은 반드시 질서와 균형

콜로라도 의과 대학의 존 짐머만 박사가 발표한 바로는, 천재들이 마음을 텅 비우고 영감을 얻는 순간의 주파수는 평균 7.8hz다. 기도로 남의 병을 고치는 사람들이 마음을 텅 비우고 불치병을 치유시키는 순간의 평균 주파수도 7.8hz다. 그리고 지구의 평균 주파수도 7.8이고, 지구와 같이 호흡하는 우주의 평균 주파수도 역시 7.8이다. 이것은 거대한 질서다.

우리 개인이나 조직의 생명력은 순전히 질서유지에서 온다! 마음을 텅 비우는 순간, 뇌파와 지구, 우주의 주파수가 정확하게 일치되는 것이다. 다시 말해 뇌파가 우주와 접속한다. 물리학자 밥 벡 박사는 골절된 뼈나 상처에 7.8헤르츠의 에너지를 접속시키기만 해도 감쪽같이 나아버리는 신기한 현상을 발견했다.(김상운, 마음을 비우면 얻어지는 것들)

역경이 경력이다

왜 모든 생물은 다 스스로 노력을 해야 성장할까? 새싹이 굳은 땅을 뚫고 나와야 되고, 나비는 고치를 뚫고 나와야 되며, 병아리는 알을 깨고 나와야 된다. 박사학위는 그 지겨운 시험을 무려 100번이나 통과해야 준다. 심지어 진주는 모래 모서리에 찢긴 조갯살의 진액이 굳어진 것이라니 오금이 저린다! 뿐만 아니라 자수성가 한 경영자 중에 가슴 타는 절박함을 셀 수 없을 만큼 겪지 않은 분이 없다. 그러나 똑 같은 것을 다른 면으로 보면 박사학위를 받은 사람은 100번이나 성공경험이 있고, 사장도 여러 번 부도 위기를 잘 넘긴 능력자다. 그런 성공자라 사장이 되었다.

이렇게 사람이 살면서 겪는 역경은 다른 면에서는 그게 경력이다. 그렇다면 역경이 없으면 경력도 없다. 경력이 없으면 그 사람이 무슨 능력이 있겠는가? 그냥 존재한다. 그냥 있는 것은 관상수나 화분의 꽃이지 사람은 아니다. 힘들어야 근육이 생기기 때문이다.

그래서 일단 역경을 자처하거나 기꺼이 겪으면서, 그 역경이 내게 어떤 경력을 주는지 알아서 가능한 한 그 경력을 찬란하게 하는 게 현명하

사후 이름이 남는 사람

다. 나름대로 경력이 좀 있는 사람들의 예를 따라, 젊음과 보람을 지속적으로 갖기 위해 역경을 누리자. 오히려 역경을 설계하고 활용하는 지혜와 용기가 있다면 대성할 수 있다. 그래야 경력이 찬란하게 되고, 가치를 계속 향상시킬 수 있다. 고통이나 곤란을 역경이 아니라 근육이라고 하자!

회장님 감사합니다!

어린 시절은 그야말로 고달픔의 연속이었다. 일본에서는 조선인이라고 왕따를 당했고, 한국에서는 한국말이 서툴다고 또 왕따를 당했다. 짧았지만 고달픈 학교생활도 초등학교 4학년으로 끝내고, 열두 살에 소년 가장이 되어, 아홉 식구의 생계를 책임졌다. 산에서 나무를 해다 팔고, 강변 모래밭에서 참외를 키워 팔며, 담배장사, 엿장수 등 많이 해봤다.

〈어느 날 지쳐 떨어져 자고, 아침에 일어나려는데, 방바닥에서 얼굴이 떨어지지 않았다. 힘을 주어 떼려 하니 살점이 떨어져 나갈 것 같았다. 실눈을 뜨고 보니 뭔가 시커먼 것을 사이에 두고 방바닥과 오른 뺨 전체가 붙어 있었다. 밤새 흘린 코피가 굳은 것이었다. 어머니가 물로 20~30분을 닦고서야 소년의 얼굴은 바닥에서 떨어졌다. 얼마나 많은 코피를 흘렸는지 세숫대야의 물이 검붉었다. 그러고서도 아침에 시장에 나가야 했다. 이때 그의 나이 열세 살이었다.(조선일보, 20130731)〉

청년이 되어 시작한 일이 한방 제약회사 외판원이었다. 물건을 팔 수 있는 곳이라면 국회든 어디든 발 벗고 찾아다녔고, 한번

물건을 산 고객은 끝까지 책임지고 보살펴 드렸다. 외판원의 험난한 경험과 몸소 체험한 지식을 바탕으로 창업한 회사가 바로 연 매출 4천억의 광동제약이다.

노년에 골프를 즐길 정도 여유

초등학교 중퇴지만 타고난 성실성과 추진력을 바탕으로, 맨손으로 세운 작은 제약사를 탄탄한 중견기업으로 키운 성공비결은 "시대를 앞서는 선견지명과 정도경영"이었다. 그 분이 세상을 떠나시는 순간은 정말 의외다.

이분이 힘들어 삶을 포기하는 이들에게, 내가 더 힘들었던 70년 삶에서 배운 것은 "인생의 기회는 살아남은 자들의 것이니, 이를 악물고 버텨요!"라는 당부를 했다. 정말 여유 있게 죽음의 순간을 맞은 분이다. 이렇게 엄청난 고난을 지불하시고 얻은 영광을 한껏 누리며 가신 분은 누굴까?

광동제약 창업주인 최수부 회장이, 대관령의 골프클럽에서 오전 8시부터 11시 30분까지 골프를 즐긴 뒤, 42℃의 사우나 열탕에서 엎드린 상태로 숨져있었다. 평소 고혈압, 당뇨 등의 지병을 앓고 있던 최 회장이 심장마비를 일으킨 탓이었다.

최 회장은 한방의 과학화를 선도해왔을 뿐 아니라, 시련을 성공의 기회로 바꾼 대표적 기업인이다. 특히 존경스러운 것은 "광동

경옥고, 광동 우황청심원, 광동쌍화탕" 등 우리 약을 만들었고, "비타500, 광동옥수수수염 차, 힘찬 하루 헛개 차 등"의 한방 건강음료를 개발한 애국애족 정신이다.

물리학으로 새 세상을 연 아인슈타인

빛의 진로가 강한 중력의 장 속에서 굽어진다는 것을 예언했는데, 1919년 5월 29일에 그것을 확인할 기회가 찾아왔다. 영국학자들의 개기일식 관측결과로, 아인슈타인의 이론적 예언이 옳다는 것이 증명되었고, 이로 인해 온 세계는 발칵 뒤집혔다.

"뉴턴의 권위를 뒤집은 위대한 과학자"로서 아인슈타인의 이름은 학자들에게는 물론, 일반인에게도 폭발적으로 알려져 신문기자들이 몰려들고 편지가 막 쏟아졌다. 드디어 1921년 노벨 물리학상 수상 후는, 프랑스·미국·영국·남아프리카·일본 등에 초청되어 강연을 했으며 각지에서 대중들의 열광적인 환영을 받았다.

자신의 업적을 우연히 찾아낸 보석과 같다면서, 겸손한 마음과 타고난 소박함을 조금도 잃지 않았다. 그런 태도도 아인슈타인에 대한 대중의 경애심을 더해 주었다. 그 후 물리학 역사에 새로운 길을 열어준 위대한 업적을 남겼다.

첫째는 브라운운동이론으로, 분자의 존재와 분자의 열운동을 실험으로 증명하는 것이 가능

시간과 계절과 역사의 분기점을 만들어

해졌다.

둘째는 빛이 입자도 된다는 광양
자설로 양자물리학의 길을 열었다.

셋째는 가장 유명한 상대성이론
을 확립한 논문이다. 뉴턴이후 사람
들의 머리에 배어 있던 시간·공간의
개념을 밑바닥부터 뒤집어서, 물리학자들
을 계속 괴롭혔던 문제를 일거에 해결했다.

초식공룡 대변 화석

아인슈타인이 거기에 도달한 과정은 어떨까? 그는 1879년 3
월 14일, 남 독일에서 태어났다. 내성적이고 순한 아이로 말하기도
남보다 늦었다. 초등학교 통지표 가정통신 란에는 "학습능력 부족
으로 수학 불능"이라고 써졌다. 이를 본 유태인 어머니는 "그래, 남
과 달라서 좋다!"고 했단다.

그에게 평생 잊을 수 없는 인상을 준 것은 병으로 누워 있던 5
세 때 아버지가 가지고 놀라고 준 나침반이었다. 아인슈타인은 흔
들흔들 움직이는 바늘의 배후에 사람의 힘을 훨씬 초월한 힘이 숨
어 있다는 것을 느꼈다. 미래에 자연법칙 탐구자가 될 밑바탕은 이
때 이미 움텄다.

만 6세가 된 아인슈타인은 초등학교에 입학했지만, 지나치게
규칙으로만 얽매고 기계적이어서 흥미를 못 느꼈고, 10세에 입학한
군국주의인 김나지움도 중도 퇴학했다. 그는 유클리드 기하학 책을
구입해서, 독학으로 그것을 끝냈다. 이렇게 해서 그는 16세까지는

미분과 적분도 독습했다. 그는 또한 베른스타인의 통속과학대계를 읽으며 자연의 온갖 현상과 법칙에 깊은 감동을 받았다.

아버지의 사업이 기울어 1985년 뮌헨을 떠나 이탈리아 밀라노로 옮겼다. 당시의 독일 전체의 군국주의적인 풍조를 미워했던 아인슈타인은 독일의 국적도 버렸다. 집안의 경제가 더 나빠져 그는 빨리 취직을 해야 했기에, 기사가 되려고 스위스 취리히의 연방공과대학에 입학하려 했으나, 김나지움을 중퇴했기 때문에 학력 검정시험을 치러야 했다. 시험 결과 수학과 물리학은 뛰어난 반면, 어학과 박물학이 모자라 낙방했다.

1년 재수 후 연방공과대학에 들어가, 훗날 아인슈타인의 특수 상대성 이론을 기하학적으로 설명한 민코프스키(H. Minkowski)와, 일반 상대성이론의 수식화를 도운 그로스만(M. Grossmann)을 만났다. 이때부터 아인슈타인의 흥미는 수학보다 물리학을 선호했다.

혹독한 훈련으로 살아남은 후손

이때 그의 생활은 숙모가 보내주는 적은 돈 뿐이라 극히 절약했다. 그러나 가난해도 쾌활함과 친구들에 대한 성심만은 결코 잊지 않고, 친구들과 함께 음악을 즐겼다. 그의 바이올린 솜씨는 아마추어를 넘어섰다.

학생 시절의 아인슈타인은 자기 자신의 독립된 사고를 소중히 하고, 결코 권위에 맹종하지 않는 태도로 일관했다. 교수들 중에는 이런 태도를 건방지다면서 그를 좋지 않게 생각하기도 했다. 그래서 모교의 조교로 남아 연구에 전념하고 싶다는 그의 소망도 이루어지지 않았다.

게다가 숙모의 학비 송금도 끊어져, 한동안은 막막한 생활도 했다. 1901년 봄부터는 공업학교 선생과 가정교사를 했지만 그것도 일시적인 것이었다. 그러다가 1902년 6월에야 친구 그로스만 아버지의 주선으로 베른에 있는 스위스 특허국에 안정된 자리를 얻었다.

휠체어 위의 천문학자 스티븐 호킹

그는 1942년 영국 옥스포드에서 열대병을 연구하는 생물학자를 아버지로 4형제 중 장남으로 태어났다. 10세 때부터 과학자가 될 꿈을 가졌으며, 1959년 옥스포드 대학에 입학했다. 클래식 음악과 공상 과학을 좋아하는 장발의 학생으로, 한 때 웨이크보드 선수까지 지냈다. 1962년 케임브리지 대학원 입학 후 중동 여행 뒤 근위축성 루게릭병에 걸려 투병했다.

1965년부터 펜로즈와 함께 블랙홀의 특이점연구를 시작해서 67년 그것을 정리 발표했으며, 1974년 블랙홀 폭발이론 발표로 영국왕립협회 회원으로 선출되었다. 시간의 반전이론 발표 후, 케임

브리지 대학의 최고 직인 루카시언 교수가 되었다.

1985년 폐렴으로 기관지 절개수술로 목소리마저 완전히 잃었
다. 대화가 불가능하게 되자 음성합성장치로 대화하며, 움직일 수 있
는 것은 왼손의 손가락 두 개와 얼굴근육 일부분뿐으로 악화되었다.

그러나 그의 뜨거운 연구 열정은 "내가 사형선고를 받았고, 지
금은 집행유예 기간이며, 하고 싶은 일이 너무 많다!"고 했다. 이미
70이 넘은 그는 우주와 인간에 대해 관심이 큰 우주과학의 거장이
다. 현대 물리가 아이슈타인에서 시작해서 호킹에서 끝난다는 말이
있을 정도로 업적이 크다.

순전히 그가 겪는 역경의 산물이다!

포기를 모르는 사람 처칠

팔삭둥이로 태어나, 말더듬이 학습 장애우로 학교에서 꼴찌를
했다. 큰 체격과 쾌활한 성격 때문에 건방지고 교만하다는 오해도 받

포기가 없었던 승리

앉으며, 초등학교 학적부에는 "희망이 없는 아이"로 기록이 되었다. 중학교 때는 영어에서 낙제 점수를 받아 3년 유급했으며, 부득이 육군사관학교에 입학하려했으나 두 차례나 낙방했다. 정치입문 첫 선거에서도 낙선, 기자 생활을 하다가 다시 도전해서 당선되었다.

노벨 문학상 수상자, 세계대전의 영웅, 위대한 정치인 등, 이 거대한 업적과 영광이 어디에서 왔을까? 꼴찌, 유급, 낙방, 낙선 그 실패들의 보상이다. 그 역경이 준 화려한 경력이다. 언제나 의지 굳은 그의 단호한 결단과 말씀은 지금도 영국을 넘어 지구를 쩌렁 쩌렁 울리고 있다.

"피와 흙과 눈물과 땀 이외에는 내가 국민들에게 줄 것이 아무 것도 없습니다." "국기를 내리고 항복하는 일은 절대로 없을 것입니다. 바다에서는 대양에서도 싸우고, 해안에서도 싸울 것입니다. 결코 항복하지 않을 것입니다!"라는 결단을 포효했다.

전 세계에서 가장 알려진 장수, 가장 알려진 정치인이며 뛰어난 행정가는 순전히 쓰디 쓴 고통을 값으로 주고 산 것이다. 처칠이 영국의 명문 옥스퍼드대학 졸업식 축사에서 했던 다음의 말은 인류가 생존하는 한 계속 가슴을 울릴 것이다.

"포기하지 마라! 절대 포기하지 마라! 무슨 일이 있어도 포기하지 마라! 정신이 있는 한 포기하지 마라! 생명이 있는 한 포기하지 마라! 남들이 다 포기해도 포기하지 마라! 절대 포기하지 마라! 절대!("Never give up!"에서 Never를 일곱 번이나 반복했다니까 그런 기분이라면 위와 같이 통역하고 싶다!)

맹자 고자장구(告子章句) 하 15장에 아래의 말이 있는데, 중국의 등소평이 어려울 때, 조선시대 유배 간 선비들이 외우며 힘을 얻었다고 한다.

〈천장강대임어시인야(天將降大任於是人也 : 하늘이 장차 그 사람에게 큰일을 맡기려면), 필선고기심지(必先苦其心志 : 반드시 먼저 그 마음과 뜻을 괴롭게 하고), 노기근골(勞其筋骨 : 근육과 뼈를 깎는 고통을 주고), 아기체부(餓其體膚 : 몸을 굶주리게 하고), 공핍기신행(空乏其身行 : 그 생활을 빈곤에 빠뜨리고), 불란기소위(拂亂其所爲 : 하는 일마다 어지럽게 하는데), 소이동심인성(所以 動心忍性 : 이는 마음을 흔들어 참을성을 길러), 증익기소불능(曾益其所不能 : 지금까지 할 수 없었던 일을 할 수 있게 하려함이다)〉

하나로 연결된 우주

우주와 나는 하나

지금까지 많은 학자들이 연구해서 알려진 사실은, 우리가 사는 우주가 빅뱅에 의해 생겼고, 그 후 계속 팽창하고 있으며 그 안에 있는 모든 것이 다 아주 역동적인 활동을 한다는 것이다. 우리가 사는 지구는 초속 약 420m의 속력으로 자전하면서, 태양에서 약 1억 5천만km나 떨어져 초속 약 30만 km의 속력으로 1년에 한 바퀴씩 태양을 돈(공전한)다. 또 지구가 속한 태양계는 은하의 중심에서 약 26,000광년이나 떨어져 있으면서, 초속 약 250km 속도로 약 2억년에 한 바퀴씩 은하를 돈(공전한)다. 다른 모든 별들이 다 초속 수백 km이상에서 빛의 속도 빠르기로 움직이고 있다. 이러고 보면 우리도 움직이기 때문에 전혀 이상을 느끼지 않고 지구에 편안히 붙어서 안정을 누리고 산다. 별에서 배워 열심히 일해야 된다.

별들도 사람을 위해 사람과 같이 자궁의 삶, 유아기, 유년기 소년기처럼 성장하며, 혼자 사는 별이 단 하나도 없이 짝별, 성단, 은하, 은하단 식으로 우주의 구성원이 되어 수 십 억년 이상 살아가는데, 사람처럼 무거운 별일수록 수명이 짧고, 별은 죽을 때가 가장 아름답다고 한다. 인생도 그래야 된다. 별이 우리를 위해 무슨 일을 하는가?

별들은 그렇게 조화롭고 아름답게 질서정연하게 서쪽으로 움직이며, 내부의 핵융합으로, 우리가 생명체가 되고 또 살아가는데 필요한 원소들을 만들어, 수명을 다 할 때 우리가 맘대로 쓰라고 던져주고 자신은 사라진다. 즉, 죽음으로 우리를 살린다. 내 몸이 별의 잔해이고 별이 만들어준 원소로 된 것을, 내가 입고 먹고 즐기면서 사니, 별에게도 감사해야 하며 내 몸에 우주의 역사가 고스란히 담겨 있음을 감사해야 된다. 별이 활동을 안 하고 별이 죽지 않았으면, 원료가 없어서 사람이 생기지도 못했고 필요한 일상용품이 없어서 살지도 못한다. 왜 그런가?

우리의 몸을 구성하는 물질은, 산소65 · 탄소18 · 수소10 · 질소3 · 칼슘2 · 인1% 그리고 나머지1%가 철을 포함한 기타 물질이다. 여기서 수소만 우주 초기부터 있었고 그 외는 다 그 후 별에서 만들어졌다. 또 최초의 별은 빅뱅 후 10억년 때 생기는데 수소와 헬륨 원자로만 만들어졌다. 그 후 약 80억년이 지나면서 태양이 생기

우주와 통화하라

는데 대부분이 수소(74%)와 헬륨(24-25%)이고, 불과 1.2%가 니켈, 산소, 규소, 황, 마그네슘, 탄소, 네온, 칼슘 등이다.

이렇게 보면 별의 일생은 겨우 인간이 태어나고 살아가는데 필요한 물질을 공급하는 과정으로 볼 수 있다. 별은 내부의 핵융합으로 열을 내어 다른 물질을 만들고 빛을 내어 인간이 우주를 연구하게 하며, 반짝이는 그 빛을 보고 희망을 갖게 한다. 별들은 우리를 향해 인간이 사는데 필요한 것을 계속 만들어줄 테니 즐겁게 서로 사랑하며 살라고 속삭인다.

빅뱅 후 10억년 때 1세대의 무거운 별이 생기고, 그들이 우리를 구성하고 우리가 사용하는 물질을 만드는 시간은 대략 다음과 같다. 수소가 헬륨이 되는데 약 1,000만년, 헬륨이 탄소로 변하는데 약 100만년, 탄소가 네온과 마그네슘이 되는데 약 600년, 네온이 산소와 마그네슘을 만드는데 약 1년, 산소가 황과 실리콘이 되는

별도 인간을 위한 것

데 약 6개월, 실리콘이 철이 되는데 약 1일 걸린다. 그리고 별 중심 핵 붕괴시간은 약 0.25초, 중심핵의 수축에 의한 반발시간은 불과 1,000분의 1초이고, 결국 폭발하여 죽는다.

별이 생명을 다 하고 사라지면서 우주에 새로운 물질을 방출하고, 이어서 새로운 2세대 3세대 별이 또 생겨서 계속 같은 활동을 하며 우리가 필요로 하는 물질을 만들어낸다. 인간의 생명과 에너지를 주는 태양은 3,4대별이고 이어서 태양계가 생기고 지구도 생겼다. 태양은 태양계 내에서 스스로 빛을 내는 유일한 천체로, 우리가 사용하는 모든 에너지를 태양에서 받아 각각 제 모습을 유지하고 있다.

지금 우주론의 대세는 현재의 우주가 인간존재를 위해, 빅뱅 전에 미세 조정되고 디자인 되었다는 것이다(강한 인본원리). 이 특별한 우주의 자연법칙들이 조금만 달랐어도 현재의 인류는 출현할 수

초자연 절대 없어

없었으며, 우주는 현재 인간의 존재를 위해 맞추어 만들어졌고 준비되어 왔다는 것이다.(손영중, 우주의 레시피) 지금 우리가 사는 우주는 우리 은하계가 존재하기에 딱 맞게, 은하계는 태양계 존재에, 태양계는 지구 존재에, 지구는 인간이 살기에 딱 맞는 생태계로 되어있다.

그런데 우주의 이런 활

동과정은 우연히 된 것이 아니라 고도의 우주적 지성의 정교한 설계에 의한 것이란 프레드 호일의 말이 이해된다. 이제 천문학과 양자물리학의 주장을 합하면, 인간은 어디에서 왔고 무엇으로 왜 만들어졌으며, 어디에 사는가가 다 명확하게 되었다. 우리는 지금의 우주와 지구와 내가 하나로 연결되었다는 것을 확실히 알고, 그 법칙에 순응하면서, 하늘의 별이나 모든 생명체가 하는 것과 똑 같이, 생태계에 유익하게 기여하며 살아야 된다는 사명이 확실하다. 이것이 세상을 물리로 보는 이점이다.

그래서 자연도 사람이 필요하고, 사람도 사람이 필요하다! 사람의 원형은 이성, 영성, 자율성, 도덕성, 인격성 및 공동체성이 갖춰져, 사람 자체와 삶으로 우주와 자연법칙을 드러내는 도우미다. 우주적 지성이 정교하게 설계하고 생성시켜 유지하는 자연법칙에 순응 하여, 우주와 자연원칙을 일상에 적용하여 참으로 바람직한 삶을 구현하는 사람이다.

그 우주적 지성은 자신의 사랑을 구체화하기 위해, 우주와 자연 질서를 사람이 살기에 최적하게 미리 설정하였다. 그 증거는, 우주가 은하계와 태양계와 지구와 지구상의 생명체가 존재하기에 알맞은 생태계로 되었다는 것이다. 이 상태를 유지하기 위해 거기에 사람을 두고 복을 주어 누리면서, 지구와 만물을 돌보게 하는 사명을 주었다. 그 사명은 바로 지구의 자연 질서와 그 가치와 쓸모를 유지하거나 더 높이는 것이다. 그래서 인간의 사명은 생명체 생성 과정과 목적에 따라, 지구와 만물을 돌보며 함께 살아야 할 도 우미로, 자신의 생태계를 좋게 하는 것이다.

자연과 나도 하나

흔히 말하는 개발의 궁극적 목적은 인간의 삶 향상이나, 과연 개발이 인간에게 이로웠는가에 대해서는 다시 생각해봐야 된다. 실제로 한국의 풍부한 갯벌 중 많은 면적이 간척사업으로 농지가 되었다. 얼핏 보면 농지에서 더 많은 작물을 얻는 것처럼 보이지만, 실제로는 갯벌이 간척농지보다 3배나 더 높은 경제적 가치를 갖는다는 국내 연구도 있다. 토니 주니퍼는 자연을 잘 보존해야 더 높은 이익을 얻을 수 있다고 강조한다. 다시 말해 단순히 환경 파괴에 따른 지구 생태계와 인간 사회의 포괄적 위기와 경고만 다루는 것이 아니라 자연이 실제로 인간 사회에 주는 혜택이 무엇이고 그것이 파괴될 경우 경제적으로 얼마나 큰 피해를 주는지를 구체적인 사례와 수치로 알려줬다.

토양 속에서 끊임없이 일어나는 기적, 우리가 원치 않는 해충을 제거해주는 포식자 군단, 깨끗한 물을 계속 채워주고 이산화탄소를 흡수하는 숲, 우리의 식량과 제약 산업을 뒷받침하는 유전자 암호, 홍수를 예방해주는 산호초와 맹그로브 숲 등, 자연이 세계 경제에서 차지하는 가치는 연간 100조 달러에 달한다. 이는 전 세계 GDP의 거의 2배에 이르는 액수다. 하지만 우리는 자연이 제공하는 서비스를 무한정 공짜라고 생각하면서 너무도 당연하게 여긴다. 현재 인류의 문제는 이러한 태도에서 비롯된다. 자연은 과연 언제까지 지금과 같은 서비스를 제공해줄 수 있을까?

먼저 햇볕, 물, 토양, 공기 같은 생명의 근원이 되는 근본적 요소에 주목하며, 그것이 어떻게 자연과 인간의 삶을 돌아가게 하는

지 그 메커니즘을 보자. 주요 농작물의 3분의 2 가 꽃가루 매개 동물 덕이다. 동물이 매개하는 꽃가루받이를 경제적 가치로 환산했을 때 연간 매출액은 1조 달러나 된다. 다양한 생물 종은 의료분야를 비롯해 인간의 실생활에 많은 영향을 준다. 게코도마뱀을 통해 새로운 접착제를 개발해내고, 흰개미 둔덕의 구조는 초효율 빌딩 개발에 활용된다. 또 청자고둥의 독은 만성 신경통의 치료제로, 해파리의 발광세포는 암 진단법으로서 연구되고 있다. 위부화개구리는 소화성궤양 치료제 개발에 영감을 줄 것이라 믿었지만 현재 멸종되어 그 기회를 상실하고 말았다.

자유(문화제청)

바다에서 남획되는 어류자원훼손으로 상실되는 부가가치는 550억 달러에 해당한다. 최근에 자주 발생하는 여러 자연재해는 자연훼손에 따른 것으로, 인간이 증폭시킨 인재라는 사실이 속속 밝혀지고 있다. 가령 맹그로브 숲과 산호초가 무성한 연안에서는 허리케인이나 해일의 피해가 훨씬 적다. 또 삼림이 잘 조성되어 있으면 허리케인은 물론 홍수의 피해도 미연에 방지하는 효과가 있다.

하지만 새우양식장을 만들면서 맹그로브 숲은 파괴되고, 여러 목재를 얻기 위해 삼림이 황폐화 되면서 자연방파제가 온전히 기능하지 못하게 되고 말았다.

삼림 면적을 2배 늘이면 1인당 GNP가 3,600달러에서 9,000달러로 증가한 코스타리카의 예를 주목해야 된다. 코스타리카는 또한 에너지의 92퍼센트를 재생 가능한 원료에서 얻어낸다. 또 지구상의 자연자산을 당겨씀으로써 고갈시키는 데 앞장섰던 기업 중 일부가 '자연자본'에 눈뜨면서 생태적 기업 운용을 시도한다는 것이다. 하지만 이러한 사례는 아직 큰 흐름을 바꾸기에는 역부족이다.

자연과 지구를 바라보는 우리의 관점을 바꿔야 한다. 그래야 사람들과 나머지 생명에 이로운 쪽으로 자연을 무한정 유지할 수 있을 것 같다. 그러려면 우리의 결정이 미치는 영향을 예의 주시하면서 자연을 가꾸고 보살피며 자연자산을 아껴야 한다. 자연 체계

자연의 파동이 만든 아름다움

가 그 기능을 마음껏 발산할 수 있도록 최대한 손대지 않는 방향으로 식량을 생산하고 도시를 개발해야 한다. 그래서 무엇보다도 자연은 경제와 별개가 아니라는, 자연은 성장의 걸림돌이 아니라는 자각이 필요하다. 지구는 여전히 일하고 있으며 우리가 희망하기만 한다면 지구는 일손을 멈추지 않는다.

최근 "자연의 손익계산서"란 책을 쓴 토니 주니퍼는 자연에 대한 우리의 무심을 깨워주면서 지금부터라도 반드시 공존공생을 실천하라고 한다. "자연 체계가 그 기능을 마음껏 발산할 수 있도록 최대한 손대지 않는 방향으로 식량을 생산하고 도시를 개발해야 한다"고 강변한다. 자연이 인간에게 얼마나 많은 혜택을 주는지, 그 경제적 가치가 얼마나 큰지를 강조하면서 오히려 경제 발전을 위해서라도 환경을 보존해야 한다는 논리를 제시한다. 그로 인해 자칫 환경 문제에 대해 식상한 사람들이나 부정적 생각을 가진 사람들에게 새로운 관점에서 생태적 인식을 일깨워주는 것이다.

천 지 인이 하나다

지금부터라도 토양 훼손을 삼가고, 70억이 넘는 인류를 품고 책임지는 지구의 토양에 진지하게 감사해야 된다. 토양이 대부분의 식량생산은 물론 상당량의 이산화탄소를 흡수한다. 개발이나 증산을 위해 토양을 숨 막히게 욱죄거나 망가뜨리지 말고 원래 생긴 대로 작용하게 자유를 줘야 된다. 토양의 혜택을 고마워해야 그 마음이 전달되어 더 좋게 된다.

빛이 주는 생명력과 빛으로 영양과 산소를 공급하는 식물을 귀하게 대하자. 막대한 태양 에너지를 공짜로 사용하므로 참 마음으로 감사하자. 햇볕을 통해 이산화탄소, 물, 엽록소, 광물 영양소 등 지구의 생명이 살 수 있게 하는 물질이 나왔다. 지구상에서 가장 중요한 자연의 과정인 광합성은 모든 생명체의 궁극적인 에너지원이 된다. 가장 기본 영양을 공급하는 햇볕과 식물들에게 감사하며 길가의 풀 한 포기도 귀히 여기자.

꽃과 사람 살리는 벌들

우리가 모르는 사이 멸종이 생겨, 인류가 생존위협을 받고 있다. 우리의 생태계에 다양한 생물이 있어서, 그들이 제공해 주는 여러 이점을 값지게 봐야 된다. 다양한 생물 종은 식량은 물론 의학 분야를 비롯해 인간의 삶을 향상하는 데 여러모로 활용된다. 문화와 높은 수준의 힐링을 가능하게 하는 다양한 생물을 살려야 된다. 우리는 그들을 보호해야 됨에도, 갈수록 멸종을 가속화하고 있다. 결국 지금의 멸종이 인간에게도 위협 요인이 됨을 그 분야의 전문가들만 알게 되었다. 따라서 우리는 종 보존의 중요성을 절실히 깨닫고 실천하여 유전자 조작보다는 원래의 유전자 다양성을 통해 궁극적으로 더 유익한 해법을 찾는 지혜가 필요하다.

"벌이 지구에서 사라지면 인간이 살날은 4년밖에 남지 않게 될 것"이라는 아인슈타인의 경고를 받아들이자. 이 유명한 말은 인간경제에서 벌들이 차지하는 꽃가루받이의 중요성을 확인해준다. 벌과 새와 곤충을 비롯한 꽃가루받이 매개자가 인간 경제에 미치는 영향을 심각하게 계산하고 그들이 더 크게 공헌하도록 부추겨야 된다. 전체 농작물의 3분의 2가 꽃가루받이 동물을 통해 생산되기 때문에 벌을 비롯한 꽃가루받이 동물의 개체 수 감소는 식량안보를 크게 위협한다. 이들의 생태계를 더 이상 괴롭히거나 파괴하지 않아야 된다.

종의 다양성과 질병의 함수관계도 유심히 봐야 된다. 인도에서는 항생제 때문에 독수리가 멸종되고 개가 증가해 그로 인한 광견병 사망자가 급속하게 늘어났고, 그 비용이 340억 달러나 된다고 했다. 또 중국에서는 대약진 시기에 곡물 생산을 증가시키기 위해 새를 무더기로 잡았더니 오히려 메뚜기가 증가해 농작물 피해가 증가하고 그로 인해 수많은 사람이 굶어 죽었다. 자연을 정복하고 통제하려다 비롯된 비극적 결론들이며 무지했던 사람들이 한 없이 가엾다.

생명의 근원이 물이랄 정도로 물은 중요하다. 실제로 지상의 물 중 불과 1퍼센트만 우리가 자유롭게 쓸 수 있고 그 중 3분의 1이 세계 경제를 굴리고 있다. 그만큼 식수나 산업용수로 쓸 수 있는 민물의 비율이 낮으며, 그 적은 비율이 세계경제를 살리고 생명체를 지탱해준다는 점을 인정해야 된다. 그런데 물을 직접 관리할 수도 있지만 숲을 이용하는 것이 가장 바람직하다. 우리가 숲을 훼손해서 물 고갈로 이어지기 때문에 삼림을 보호하는 것은 중요한 과제다. 또 직접 마시는 음료수 외에 커피를 마시거나 육류를 즐기기 위해 얼마나 많은 물이 쓰이게 되는가를 생각하면 물은 절감의 여지가 더 많다. 한국도 물 부족 국가에 속하므로 금수강산 노래만 할 것이 아니라 철저히 물을 아껴야 된다.

지금 우리는 여러 면에서 과소비가 일고 있지만, 특히 과소비되는 바다의 풍요에서는 어류자원의 지속가능성을 위협하는 요인들을 추적하여 방지해야 된다. 남획한 어류자원 중 상당수는 쓰레기 생선으로 분류되어 사료 등으로 쓰이지만, 이 중에는 훗날 가치 있는 어종으로 자라날 치어들이 많이 포함되어 있어 문제다. 또 생태계의 훼손으로 특정 어종이 사라지기도 하는데, 뉴펀들랜드 연안에서 대구가 사라짐으로써 2만 개의 일자리가 사라지는 결과를 초래하기도 했다. 어장 개선 사업을 비롯해 어류 자원이 잘 관리되지 않으면 어류 자원의 고갈은 더욱 가속

고운 파동의 모임

화할 것이므로 동해의 명태를 복원하듯 복원활동을 해야 된다.

바다 자체는 매년 21조 달러의 경제적 가치를 창출하는데, 플라스틱과 각종 화학물질로 인해 심각하게 오염되고 있다. 자연이 인간 경제에 제공하는 총 가치의 60~70퍼센트가 바다에서 나온다는 점을 감안해야 된다. 바다는 풍부한 어류 자원뿐만 아니라 상당량의 이산화탄소를 흡수하고 산소를 생산한다는 점에서 엄청난 가치를 창출한다. 자연을 온전히 보존하는 것이야말로 가장 확실한 생태보험이다.

청정 숲이나 물을 포함한 천연환경은 사람의 건강을 현저히 증가시킨다. 인간과 자연의 친화성을 통해 수많은 질병이 치유되는 가치는 가히 계산하기 어렵다. 삶의 질을 향상시키고 심신의 여러 질병을 이겨내기 위해서 지속적으로 녹색공간을 확보해야 한다. 최근 국립공원을 확대 보존하면서 휴양공간을 넓혀주는 것은 정말로 바람직하다.

이제 기업가들은 단기적 성과에만 연연하지 말고, 생태환경을 개선해야 된다. 자연자본은 기존의 경제체제가 갖는 단기적 개발주의를 넘어서서 지속 가능성을 담보해준다. 환경을 보존함으로써 결과적으로 경제성장을 이룬 코스타리카의 예는 매우 고무적이다. 만약 자연을 보는 기존경제관을 수정하지 않으면 자연은 더 이상 서비스를 지속할 수 없다는 점을 인정하고, 자연과 지구와 경제를 보는 관점을 근본적으로 수정해야 한다.

미립자 세계

모든 것은 허공

한국의 대표적 젊은 마술사 최현우가 수원에 있는 화성의 성벽을 통과했다. 보는 사람들이 다 놀랐다. 마술은 대체로 눈속임이라고 한다. 최현우가 눈속임으로 두께가 6미터나 되는 성벽을 통과한다는 것은 감시자들이 너무 많고 속일 수 있는 도구들이 없었다. 땅 속으로 들어갔다가 다시 나오거나 아니면 안 보이게 공중으로 올라가서 성벽을 넘어 다시 내려와야 된다. 수 십 명이 보는데 아무도 그것을 못 보았을까?

실제로 최현우가 어떻게 했든 이 현상을 과학으로 설명할 수는 있다. 즉 사람의 몸이 돌이나 시멘트벽을 통과할 수 있고 유리벽도 깨지 않고 통과할 수 있다. 그냥 영화에 나오는 귀신이 벽을 맘대로 왔다 갔다 하는 것과 똑 같이 가능하다.

어떻게 그것이 가능한지 물질의 기본단위인 원자의 구성을 분석해보자. 다이아몬드 결정은 탄소 원자들이 3차원으로 대열을 이루어 병사들처럼 줄지어 선 거대한 분자다. 그런데 이것이 원석이든 다듬어진 아름다운 모형이든 다 허공과 같다. 늘어선 거리와 모양을 보면 실감난다.

탄소원자의 핵을 축구공으로 가정하고 전자들이 그 축구공을 둘러싼 궤도를 돈다고 하자. 이때 탄소원자 핵인 축구공들의 사이는 무려 15km이상 떨어져 있다. 그 15km 사이에는 원자의 핵을 도는 전자의 궤도가 있다. 그 궤도는 핵에서 또 수 km가 떨어져 있고 전자는 모기보다도 작다.

이렇게 원자의 핵에서 수 km나 떨어진 궤도를 모기보다도 더 작은 전자가 돌고 있고, 늘어선 원자들의 거리는 또 15km도 넘으니까 이것은 완전히 비어있는 거대한 공간이다. 쇠망치로 때려도 잘 깨어지지 않도록 단단한 다이아몬드가 텅 빈 공간이라니 어이가 없다. 그런데 다이아몬드뿐만 아니라 모든 물질이나 물체가 다 그렇다.(김명남 역, 현실 그 가슴 뛰는 마법)

그러면 내 몸도 텅 빈 공간이고 방의 벽도 텅 빈 공간이라면 당연히 벽을 그냥 통과할 수 있어야 되는데 그렇지 않다. 원자와 원자 사이 또는 원자 내부에는 거리가 멀리 떨어져 있어도 막강한 힘이 장을 이루어 서로 결합시키고 있기 때문에 뚫고 들어갈 수가 없다. 같은 물질이라도 액체는 그 힘이 약해서 자유롭게 통과할 수 있고 기체는 아예 힘이 거의 없다.

핵을 축구공이라고 가정했지만 실제로 그렇지 않고 어떤 형태

이렇게 큰 공간도 우주에서는 점

를 가졌다고 표현하기도 곤란하다. 너무나 작기 때문에 모양이 있다고 말하기 어렵다. 예를 들면 문장 끝에 찍힌 점 하나에 잉크원자 1조개 정도가 들어있으니 생김새를 말할 수 없다.

그런데 그렇게 작은 핵 속에 또 양성자와 중성자라는 알갱이가 들어 있다. 양성자에는 전하가 있고 중성자에는 전하가 없다. 핵 속의 양성자의 수는 핵을 도는 전자의 수와 같으며 이 수가 바로 원자번호다.

양성자 속에도 더 작은 쿼크라는 알갱이가 또 있다. 탄소는 생명의 뼈대와 같이 모든 생명에는 탄소가 있다. 이렇게 허공에 또 허공인 물체가 있지만, 예쁜 꽃이나 8등신 미녀가 또렷한 실물로 보이고 만질 수도 있는 것은, 그 물체를 구성하는 원자핵 속에 있는 쿼크가, 우주에서 가장 강력한 힘으로 서로 끌어당기고 있어서 가능하다.

어떻든 미립자 수준에서 보면 우리 몸도 나무도 바위도 모두

아이도 물도 나무도 꽃도 하나로 연결

가 허공이고, 우주의 크기에서 보면 사람의 몸도 그냥 하나의 미립자에 불과하다. 그래서 모두가 한 덩어리 이고 하나의 줄에 매달린 것처럼 우주의 모든 것은 하나로 연결되어 있다! 모두가 하나라 더불어 살고 모두 사랑해야 된다고 한다!

우주 안의 모든 것은 하나로 연결되어 있다

봄(Bohm)은 우주가 초양자 포텐셜(superquantum potential)에서 나오는 양자 포텐셜로 가득 찼다고 한다. 그가 설명한 실험은 멀리 있는 두 입자의 동시 상호작용이었다. 두 입자가 우주의 끝에서 다른 끝까지 멀리 떨어져 있어도 서로 상관관계를 가지는 것은, 두 입자가 빛보다 빠른 속도로 전달되는 것이 아니다. "두 입자는 초양자장에 의하여 연결되어 있기 때문에 동시에 작용한다." 이와 같이 입자들이 하나로 연결되는 이치를 봄은 비국소성 원리라고 했다. 원래 연결되어 있어 지렛대처럼 한쪽이 기울면 그 즉시 다른 쪽이 올라가는 것과 같다. 이 현상이 앞에 나온 쌍둥이의 이마가 동시에 부어오른 것과 같다. 이처럼 우주의 모든 것은 다 하나로 연결되어 있어 어느 것도 따로 떨어져 있을 수 없다.

초양자 포텐셜은 봄의 용어이고 일반 과학계에서는 영점

하나가 올라가면 하나는 내려와

장(zero point field)이라고 하는데, 대표적 기능은 다음과 같다.

① 초양자 포텐셜은 입자들을 생성하는 생산자며, 그 입자에 계속 에너지
를 공급하는 공급자 역할을 한다. 예를 들면, 모든 물질에 존재하는 전
자는 원자핵 주위를 계속해서 회전하고 있는데 이때 전자는 전자기파
를 방출한다.

전자가 전자기파를 계속 방출하면 에너지가 고갈되어 결국 전자는 원
자핵 속으로 흡수되어야 하는데 그렇지 않고 계속 회전이 가능한 것은
전자가 주위 공간에 존재하는 초양자 포텐셜로부터 계속 에너지를 받
기 때문이다. 따라서 초양자 포텐셜이 없으면 우주에 존재하는 모든
것의 존재가 사라진다. 즉 초양자 포텐셜이 전자의 정상파를 유지시키
고 있는 것이다.

② 초양자 포텐셜은 우주에 존재하는 만물을 생성한다. 예를 들면, 초양자
포텐셜의 요동에 의하여 양자포텐셜이 생성되고, 양자포텐셜이 요동

끊어짐이 없다

하면 전자기장이 생기는 식이다.

③ 초양자 포텐셜은 입자들이 공간을 초월하여 초공간적으로 서로 연결하여 하나로 만들어주는 역할을 할 뿐만 아니라 시간을 초월하여 과거, 현재, 미래를 하나로 연결하는 역할을 한다. 입자가 시간적으로 과거, 현재, 미래가 연결되어 있다는 문제는 쉬모니(Abner Shimony)에 의하여 실험적으로 증명되었다.

모든 것의 근원은 활성정보

1990년 봄은 초양자포텐셜의 출처도 밝혔다. 초양자포텐셜은 역시 우주 공간을 채우고 있는 "활성정보(active information)"에서 나온다고 했다. 즉 우주공간을 채우고 있는 가장 첫 번째 요인이 "활성정보"라는 것이다.

"활성정보"는 "자기조직화(self-organization)"하는 능력을 의미하기도 하고 또 "초월의식(superconsciousness)"이라고도 한다. 이 "활성정보"는 입자들을 가속시켜 가상입자들을 만든다. 가상입자들로 요동치고 있는 공간을 초양자 포텐셜(영점장)이라고 한다. 이 초양자 포텐셜(영점장)에 있는 가상입자들이 에너지를 더 받으면 진짜 입자(광자, 전자, 중성자, 양성자 등)인 소립자들이 된다. 이 소립자들이 모이면 원자가 되고, 원자가 모이면 분자가 된다.

따라서 우주에 있는 모든 것은 그것이 물질이든 비물질이든 항상 "활성정보"를 내장하고 있다. "활성정보"는 "자기 조직화"하는 능력을 의미하므로 우주에 존재하는 모든 것은 "자기조직"하는 능력을 갖추고 있다. 파동의 에너지장만 존재하다가 운동에 의하여

한 점에 에너지가 집중되면 그 점에서 입자가 된다.

이를테면 전자기장이라는 공간에서 "분자"가 생길 수 있고, 양자포텐셜 공간에서는 "전자, 양성자, 중성자 및 원자" 등이 생길 수 있으며, 초양자 포텐셜 공간에서는 "광자"가 생길 수 있다. 이래서 미립자 수준에서 보면 사람도 자연도 모두가 연결되어 하나의 가족이며 형제자매와 같다.

강하려면 다른 것과 합해야!

아래 사진은 공사를 위해 모아둔 모래더미다. 모래알의 수가 셀 수도 없을 정도로 많지만 하나도 모양이 같은 것은 없다. 전문가들은 모래의 결정체가 똑 같은 것은 없다고 한다. 왜 이렇게 다 다를까? 모래는 그냥 모래로도 많이 쓰이지만, 모래를 중심으로 자갈과 시멘트 가루와 물로 섞어, 시멘트 몰타아르를 만들어 쓴다. 시멘트의 비율에 따라 강도나 경도에 차이는 있지만 어쨌든 모래를 중심으로 시멘트 콘크리트를 만든다. 여기서 중요한 착안점이 있다.

이때 모래의 모양이 같은 것이 아니라 각양각색이라야 콘크리트가 더 단단하다는 것이다. 서로 다른 모양이 엉겨 붙어야 서로 당기는 힘이 더 세서 잘 부셔지지 않는다. 결국 시멘트 콘크리트가 단단한 것은 시멘트의 작용도 있지만 모양이 다른 모래들이 서로 엇갈리게 달라붙어서 더 단단하단 말이다.

그럼 같은 모양일 때는 어떤 단점이 있는가? 모양이 같으면

이것은 모래 더미

뭉치고 합하면 거대한 바위산도 생겨

콘크리트 전체의 결정이 엇갈리지 않고 일정한 방향이나 라인을 형성하기 때문에 훨씬 더 쉽게 으스러지거나 무너진다고 한다.

그런데 이런 현상은 사람의 모임에도 응용된다. 사고의 틀이나 전공분야 또는 각종 기호 등이 서로 다른 사람이 모여야 다양한 견해가 나와서 거기서 선택되거나 결정된 안이 훨씬 더 실질성이 있고 더 풍요롭다고 한다. 만약에 다른 것이 섞이지 않으면 아무 것도 새로운 것이 나오지 않는다. 예를 들면 수소와 산소가 합해서 물이 되고, 생물의 몸을 구성하는 단백질의 기본 구성단위인 아미노산(amino acid)은 훨씬 많은 원소가 합해진다. 여러 종류가 있지만 단순한 글리신은 수소 5개, 산소 2개, 탄소 2개, 질소 1개가 합해서 생명체의 가장 기본성분을 형성한다.

그런데 여기서 만약에 수소가 나는 5인데 왜 질소는 딱 하나야, "어떻게 내가 질소와 5대 1로 맞먹어야 되나? 나 쪽팔려서 안

여러 색이 섞여 더 아름답다

해!"라고 우기면 생명체는 생기지 않는다. 이건 물의 경우도 유사하다. 산소는 달랑 혼자 나오는데 수소는 둘이 나와야 H_2O가 된다. 수소가 "산소와 1대 1로 놀 거야!"라며 우기면 물은 안 생긴다.

남자와 여자가 합해서 후손이 생긴다. 여자 100만을 합하거나 남자 천만을 합해도 후손은 안 나온다. 심지어 동성동본의 혼인을 금하기도 한다. 이는 유전학에서 양성이 결합하면서 가장 우수한 조합을 선택하여 최상의 후손을 낳게 하는 자연법칙이라고 한다.(김명남 역. 쉽게 쓴 후성유전학) 오죽하면 자연은 같은 사람이 못 나오게 그렇게 확률을 희박하게 했을까? 즉 같은 부모를 통해서도 같은 사람이 날 확률은 무려 64조분의 1이라고 했다.

모양이 각양각색인 모래가 자갈과 서로 엉겨 붙어서 그렇게 단단한 콘크리트가 되는 것과 같이 집단이나 조직은 서로 다른 사람들이 섞이고 어울려야 막강한 힘을 내게 된다. 가끔 생소하게 다른 사람들과 함께 일하기를 회피하는 사람들이 있는데 이는 큰 잘못이다.

자갈도 모양이 다 달라서 응집력이 강해

다양한 것이 모이지 않으면 특이한 것이 안 나오는 경우가 많다. 요즘 유행하는 것이 거의 모든 분야에서 퓨전(Fusion) 현상이다.

음식은 물론 예술과 문화의 장르가 그렇고, 의상도 예외가 아니다. 동서양과 남녀노소를 막 섞어서 새롭고 특이하며 훨씬 더 실질적이고 아름다운 것이 나온다. 심지어 신발의 짝이 다르고, 한 짝에서도 양쪽의 색깔과 모양이 다른 신발도 만들고 있다.

이미 오래전부터 대그룹의 임원을 순혈주의해서 잡종주의로 전환했다. 수 십 년을 한 조직에서 생활한 사람들의 장점이 반드시 있다. 조직의 이해나 문화적 공통점이 조직의 응집력 발휘에 막대한 힘이 될 수 있지만, 경영의 품질과 성과에 새로운 시각과 다른 견해가 절실히 필요하기 때문에 오히려 다른 조직에서 성장한 사람, 그것도 사원이 아닌 임원을 초빙한다. 다른 것이 합해야 더 좋은 것이 나오기 때문이다.

양자의학은 탄소, 산소, 수소, 질소와 같은 화학물질의 배후에 보이지 않는 에너지장(場)이 숨어 있고, 이 에너지장이 목적과 방향을 알고 있으며, 필요에 따라 스스로 모여서 단세포 생물이 탄생한다고 한다.

참 여러 색과 모양의 아름다움

다시 말하면 분자들이 어느 임계치의 조건을 갖추면 에너지장들에 의해 스스로 전혀 새로운 차원의 분자집단이 되어 DNA, RNA, 아미노산, 효소, 미토콘드리아 등이 된다. DNA, RNA, 아미노산, 효소, 미토콘드리아 등은 생명이 없는 것 같은 분자들이 모여서 생명인 세포가 된다. 그러므로 생명의 출현은 무작위가 아니라, 목적과 방향을 알고 있는 분자들의 에너지장이 발달하여 세포라는 생명체가 되는 목적 실현 과정이다.

단세포들은 다시 필요에 의해서 집단을 이루면서 하나의 큰 개체를 형성하기 시작하였다. 세포 각각에는 에너지장이 있어 세포 각각의 기능을 유지하는데 전혀 문제가 없지만, 일단 많은 세포들이 모여 하나의 큰 개체를 형성하게 되면 전체를 총괄하는 "마음"이 있어야 한다.

이렇게 하여 점점 덩치가 큰 식물과 동물들이 출현하게 되었으며 이들이 지구의 역사만큼이나 오랜 세월을 거치면서 진화하여 오늘날 지구상에서 볼 수 있는 모든 식물, 동물 그리고 인간들이 되었다.(강길전, 양자의학)

양자의학에서 진화란 다윈의 주장처럼 적자생존에 의한 우연 현상이 아니라, 환경의 악조건이 발생하였을 때 생물들이 살아남기 위하여 목적이 있는 고의적인 돌연변이라고 한다. 목적이 있는 이런 진화(발달)가 가능한 것은 모든 종(種)이 에너지장을 가졌기 때문에, 환경에 맞게 변화하는 것은 얼마든지 가능하다.

물론 여기에도 임계치가 필요하다. 한 종에서 일부가 원해서 종 전체의 형질이 바뀌는 것이 아니라, 어느 한계치를 넘는 숫자가 형질이 바뀌는 것을 원할 때, 집단적으로 특정 목적을 이루도록 돌연변이를 일으킨다.

또 한 가지 생각할 것은 생존경쟁을 위한 발달이 아니고, 반드시 공생(共生)을 위한 변화를 준수한다는 점이다. 그래서 양자의학에서 인간은 단세포에서 진화하여 오늘에 이르렀다고 생각하나, 그 진화의 방향이 순전히 돌연변이에 의한 우연이 아니라, 스스로 필요에 의하여 진화하는 창조적 진화라고 한다. 따라서 부분적으로만

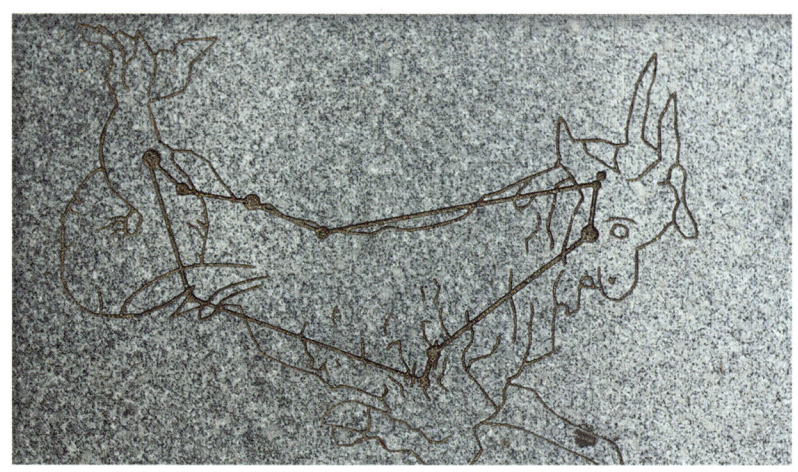

길에 새겨진 별(염소)자리

다윈의 진화를 인정한다.

사람의 생명은 "눈에 보이는 신체와, 배후에 있지만 안 보이는 에너지장과, 개체를 전체적으로 총괄하는 마음이 합한 3합체"라고 했다. 즉 "몸과 에너지와 마음"이 합한 것이다. 여기서 "마음"은 사람의 영혼을 말한다. 다시 말하면 양자의학에서는 영혼의 불멸을 인정한다. 오늘날 유전학에서는 설명할 수 없는 예외 사건이 많은데, 그 이유는 바로 영혼 불멸을 인정하지 않기 때문이다. 따라서 양자의학에서는 단세포에서 생긴 마음은 영원히 존속하여 다른 개체로 옮아가는 것이며, 바로 이것이 진화의 주체이기도 하고 본능의 요체라고 한다.

유전의 경우도 유전자가 초기 배아의 발생을 좌지우지하는 게 아니라, 유전자 배후에 있는 에너지장과 마음이 합해서 발생을 주도한다. 따라서 수정하는 순간부터 배아의 전 발생 과정을 총괄하는 "마음"이 있어야 한다. 여기서 "마음"은 사람의 "영혼"이다.

다시 원점으로 가서 생명체가 생긴 최초의 미립자부터 보자. 그들은 왜 어떤 목적으로 모여서 생명체를 만들었나? 생명체를 구성한 가장 최소 단위인 미립자는 선하고 유익한 목적을 위해 반드시

종간 진화는 물론 종내 무작위의 진화도 없다

가족처럼 이렇게 하나가 되어야

서로 돕고 사랑하며 이웃을 위한 희생도 사명으로 하고 있다.

그래서 우주 안에서 하나로 연결된 모든 사람 모든 사물은 반드시 서로 사랑해야 할 숙명을 타고 났다. 생명체 생성과정이 선한 목적을 이루도록 다른 것과 과감하게 합해 더불어 살기를 보여준다. 삶은 그 모델을 따라 다른 것과 다른 사람도 서로 사랑하며 더불어 살아야 할 숙명의 실천이다!

자연이 사람에게 반드시 상호 융합하고 결합해서 큰일을 하라는 뜻을 담았다. 협력 협동 융합 복합 등은 다 지금 최고의 컨설턴트들이 절실히 원하고 권하는 특성인데 한국인들이 여기에 약한 것 같다. 인체구성 원소 공식을 보면, 수소가 375백만, 산소가 132백만, 탄소가 8,570만개, 이렇게 인 칼슘 등으로 이어져 마지막 22번째는 딱 1개인 코발트다.

여기서 이상한 점을 확인할 수 있다. 사람 몸의 원재료가 별의 잔해인데, 별의 잔해와 우주에는 수소가 제일 많고 헬륨이 두 번째로 많다. 그런데 가장 많은 수소는 인체에도 쓰였는데, 두 번째 로 많은 헬륨을 왜 하나도 안 썼을까? 우주와 자연법칙이 얼마나 경제적인데 헬륨을 사람 몸에는 안 넣었을까? 생명체의 뼈대처럼 중요한 탄소는 헬륨의 1/20정도다.

여기서 자연이 우리에게 주는 엄한 명령 같은 것은 "사람이 반드시 다른 사람들과 합해서 일하라는 숙명"이라고 생각한다. 왜냐하면, 헬륨은 내부구조상 다른 원자와 전자를 교환할 수가 없어서, 생명을 가능하게 하는 물질대사, 번식, 성장과 같은 화학반응에 절대 참여할 수 없다.(이한음 역, DNA에서 우주를 만나다) 원자는 자신의 전자를 다른 원자의 전자와 교환하지 못하면, 절대 다른 원자와 결합해서 새로운 화합물을 못 만든다. 원자이하의 미립자부터 완전한 개체인 사람이 되는 과정에는 계속 다른 것과 결합해서 상위기능으로 발달한다. 헬륨은 그게 안 되어 인체에 없다.

인체에는 다양한 원자들만도 수 억 조개도 넘게 서로 화합해서 일하는데 여기에 헬륨이 하나도 없는 것은, 몸은 물론 우리의 정신까지도 서로 화합해서 항상 더 큰 일을 하라는 심오한 자연의 뜻이 담긴 것으로 봐야 된다. 지금도 이미 실제 상황에서는 누구든 무엇이든 융합 복합해야 새것 더 좋은 것 탁월한 것이 나온다. 합하지 않으면 새것이 나올 수 없는 세상이 되었다. 다양한 전문성을 요하는 기술 환경도 그렇다.

지속적으로 자기 가치를 창조하자!

생명체는 성장 발달해야 된다

생물학자들이 말하는 생명의 특성은 무엇인가? 살아 있다면, 내가 누리는 생명의 특성을 바로 알고, 그것을 더 낫게 유지하는 것이 나의 가치를 높여가는 것이다. 학자들은 생명에 다음과 같은 특성이 있다고 한다.(윤치영, 고상균 역, 캠벨 생명과학 3판)

질서정연한 배열 구조다

모든 생물체는 아무리 복잡해도 반드시 아주 질서정연한 구조로 되어있다. 아주 작은 꽃에서 뇌쇄적인 미색의 여체까지 질서가 정연한 배열구조를 유지하기 때문에 아름답다. 무생물은 혼란이나 무질서가 증대되는 경향이 있지만, 생명은 정돈되고 조직화되려는 경향이 있다. 그런데 생명은 자신의 질서정연한 상태를 더 아름답게 유지하려고 다른 무질서를 증대시킨다. 산다는 것은 무질서를 더 만드는 것이다. 음식을 먹고 차를 타고 화장을 하며 삶의 편의를 늘리면 늘릴수록 무질서와 쓰레기를 더 많게 한다. 그 덕으로 생명체는 아주 질서 정연한 구조를 유지한다.

스스로 내부를 조절해야 된다!

생명이 유지되려면 반드시 스스로 조절해야 된다. 즉 생명은 조절할 수 있고, 조절할 줄 알며, 반드시 조절해야 된다. 외부 환경의 변화가 어떻든 생명체가 살아 있으려면, 반드시 그 환경에 맞게 스스로 자신을 바꾸는 조절을 해야 된다. 생명체는 환경변화에 대해 자신에게 이로운 방향으로 자신을 조절하여 적응한다. 그 예로 늑대를 비롯한 야생 동물들은 겨울에 털이 더 많아지고, 여름이 되면 털갈이를 하여 털이 많이 빠진다.

사람의 기본기능 중에 생체의 항상성(Homeostasis)이라는 것이 있다. 즉 신체는 환경과 평형상태를 이룬 안정된 정상상태를 유지하려는 경향이 있으며, 물리 · 화학적으로 일정해지려는 경향이 있고, 민감한 반응의 복잡한 체제를 통해 유지된다. 외부 온도가 높아지면 땀을 내어 내부의 안정을 유지하고, 온도가 내려가 추워지면 옷을 더 입어 체온이 떨어지지 않게 한다. 그런데 사람은 사회적 항상성을 의도적으로 유지해야 하는 것이 더 중요하다. 최소한의 경쟁

사람은 항상 발달해야

력을 유지해야 되기 때문이다.

성장하고 발달한다!

　생명체는 유전자가 지닌 정보에 따라 반드시 성장하고 발달한다. 성장이나 발달을 멈추면 생명은 끝난다. 특히 사람에게서 이 성장과 발달은 더욱 더 의미 있는 특성이고 다른 생명체와 따로 생각해야 된다. 사람이 가치 있다는 것은 살아있는 동안 자신의 가치를 계속 향상시키기 위해 성장하고 발달할 수 있다는 것이다. 사람에게는 정신과 정서와 영혼이 있어서 다른 동물과 달리 나이가 들수록 점점 더 성숙되고 원숙해져, 미숙할 때보다 훨씬 더 탁월해진다.

　이 책의 목적은 세상을 떠날 때까지 자신의 영역에서 계속 가치를 향상시키자는 것이다. 즉 평생 생명의 특성을 잘 유지하며 사람의 특성도 완전하게 유지하는 요령을 실천하자는 것이다. 사람으로 평생 유지하고 싶은 모습을 설정해두고 죽을 때까지 그 상태를 유지하는 것이 바람직하다.

기억도 업데이트

　그게 생명체의 기본특성이다. 즉 성장하고 발달해야 된다. 사람의 몸은 20대 중반이면 성장발달은 정지되나 유지는 가능하다. 그러나 사람의 정신은 계속 성장 발달할 수 있다. 최근의 뇌 과학이 주장하는 바로는 성인도 매일 700개 정도의 뇌신경 세포가 더 생성된다고 한다.

에너지를 이용한다

생명이 유지되려면 반드시 환경에서 화학물질이나 에너지를 받아들이고 그것을 활용하여 자신의 성장과 유지 등 생명활동을 수행한다. 사람의 경우는 신체를 위한 공기나 음식물 등의 에너지 외에 심리적 정신적 영적 에너지도 필요로 한다. 한국 사람들이 쓰는 "밥만 먹고 사니?"에는 많은 의미를 담고 있다. 사람은 4가지 에너지를 필요로 한다. 필요로 한다는 것은 자신이 갖기 위한 것도 있지만 오히려 남에게 베풀기 위해서도 필요하다. 사람은 4가지 에너지를 다 적절히 사용해야 안정감과 행복감을 가지며 제대로 살 수 있다.

공기와 음식물의 에너지를 사용한다

사람은 살기 위해 숨을 쉬어야 하니까 산소를 마시고 연소된 이산화탄소는 내 보내야 된다. 또 물과 음식물로 영양을 흡수하고 역시 폐기물을 내보내야 된다. 호흡을 통해서 나오는 이산화탄소는 다른 식물에 쓰이고, 물과 음식물의 폐기물은 다른 식물이나 농산물의 영양으로 사용했다.

지식과 문화적 에너지를 사용한다

사람은 살면서 다른 동물과 달리 반드시 지식과 문화라는 정신적 에너지를 받아들이고 그것을 자신의 것으로 사용해야 된다.

사람은 계속 영글어야

사람이 정신활동을 한다는 것은 지식이나 정보를 활용해 남이 필요로 하는 가치를 제공하는 것이다. 이 책의 목적은 나이가 들어도 지식과 문화를 제대로 활용하여 스스로 자신의 가치를 계속 높이도록 창조활동을 하자는 것이다. 사람이기 때문에 실천만 하면 가능하다.

정서적 에너지를 누려야 살맛이 난다!

작업장의 안전사고는 대체로 주말이나 주초에 많이 발생한다. 여러 원인이 있겠지만, 주말사고는 주말을 함께 즐길 상대가 없어서 불안정해서 그렇다. 주초사고는 주말을 함께 즐기려고 약속을 했는데 바람을 맞았거나 다정한 시간보다는 대판으로 싸워서, 역시 정을 받지도 주지도 못해서 불안정해졌고, 그 상태로 작업에 임하니까 집중이 덜 되어 사고를 낸다.

영적 에너지를 누려야 된다

사람만이 종교와 신앙을 갖는다. 생명체의 특성 중 조명을 가장 덜 받는 것이지만 사실은 모든 것의 바탕이 된다. 이미 오래 전에 21세기는 영성경영시대라고 예언들을 했다. 이미 효과적이란 것을 다 동원하고 다 활용했기 때문에 남은 것은 사람의 영감에 의존하는 것 외에 대안이 없다는 말도 된다. 옛날에도 특별한 창조활동에는 반드시 영감을 동원했다.

에디슨도 천재란 98%의 땀과 2%의 영감이라고 했다. 요즘 양자물리와 양자심리학이나, 기(氣)연구, 또는 선이나 명상을 연구하는 분들의 공통적인 주장이 이제 영성시대라는 것이다.

그간 설명하지 못했던 신비라는 여러 현상을, 사람들이 활용할 수 있는 수준으로, 미립자 물리학이 밝혀준 힘과 작용으로, 우주에 가득한 활성정보나, 집합무의식, 또는 양자공명에 의한 순간적 상황을 의식에너지로 활용할 수 있기 때문이다.

환경에 대해 반응해야 한다

모든 생물은 환경의 특성을 감지하고 그 자극에 반응한다. 끈끈이주걱은 식물이지만 자신의 감각모를 건드리는 곤충의 자극에 반응하여 얼른 잡아먹는다. 감히 식물이 동물을 잡아먹는다. 사람은 환경의 변화에 대해 자신을 조절하는 작용도 하지만, 환경의 자극에 반응해서 반드시 필요한 행동을 외부로 나타내야 된다.

이 책은 스스로 자신의 가치를 지속적으로 창조하여 변하는 환경에 대응하자는 것을 강하게 권유한다. 평생 가치 있는 사람으

220년 된 나무. 대비해야

로 살고, 자기 분야에서 대우받으면서 기여하다가 가자는 것이다. 사람이 생명을 유지하는 한 어느 부분 어느 것도 무시되어서는 안 된다. 자신의 가치를 인정받아야 된다. 그게 사는 맛이다. 그렇게만 되면 절대 자살하지 않는다!

생(번)식 한다!

생물은 자신과 똑 같은 종류를 만든다. 복제에 의해 자신이 지닌 유전암호를 다음 세대로 전달한다. 사자는 사자를 호랑이는 호랑이를 만들어 낸다. 호랑이가 고양이를 만들거나 원숭이가 침팬지를 만들 수는 없다. 반드시 자신의 종을 만들지 아무리 돌연변이가 있어도 다른 종을 못 만든다.

번식하지 않는 것은 생명체가 아니다. 생명체의 기본기능을 수행하지 않는 것은 자연 질서에 순응하지 않는 죄에 해당한다. 그래서 기본기능을 제대로 수행하지 않으면 그 때문에 여러 병이 생

기기도 한다. 생명의 특성을 유지하지 않으면 전체의 균형이 맞지 않아서 병이 된다.

진화한다!

생명의 개체군은 오랜 시간에 걸쳐 변화할 수 있다. 산 토끼를 잡아다 집토끼처럼 가둬 놓고, 새끼를 낳고 또 그 새끼가 새끼 낳기를 여러 번 반복하여, 몇 세대를 거듭하면 집토끼로 변하는 현상이다. 이 변화는 개체군 즉 동일 종 내에서 특성 중 일부가 변하는 것을 의미한다. 절대 다른 종이 되는 변화는 없다. 동물이 생활환경이 달라져서 보호색을 갖거나, 본능의 일부가 퇴화되거나 더 향상될 뿐이다. 생명체의 존속을 위한 거대한 목적 때문에 몸이나 기능의 일부를 변화시킬 수 있을 뿐이다.

어떻든 사람은 더 활성적인 생명력을 유지하기 위해서 신체 모양이나 기능을 다르게 진화시킬 수도 있다. 본능이라도 오래 사용하지 않으면 퇴화되는 것과 같다. 사람이 도덕적이고 양심적이라는 것은 본성인데, 이 양심을 제대로 활용하지 않으니까 이게 마비되어가기 때문에, 거짓말이나 폭언도 거침없이 한다. 우리나라의 자살률이 높은 것도 그 경향이 부추기고 있다. 인터넷 악플이 선한 사람을 무참히 죽이는 것도 그런 일면이다.

죽는 날까지 신나기

심리학자들의 권유

삶은 정신력과 가치향상이다. 그것이 생물의 특성이다. 사실은 태아나 영아도 자신과 남이 모르는 사이에 자동적으로 자신의 생존에 필요한 활동을 아주 왕성하게 한다. 그러나 겉으로 보기에는 최소한 4,5세는 되어야 삶에 필요한 가치를 만들 수 있다고 할 수 있다. 그렇게 자라서 노년이 되면 원하지 않지만 치매를 앓는 경우도 많다. 노후가 즐겁고 보람 있으려면 어떤 모습이어야 할지를 구체적으로 그려놓고 사는 것이 좋다. 그러기 위해 삶 전체를 점검해 봐야 된다.

사람의 정신력은 태어나서 점차 상승하다가 40세를 전후해서 하향하여 70이나 80이 되면 점차 제로에 접근한다. 늙으면 어린애가 된다는 말도 바로 이것이고, 늙어서 치매가 되는 것도 자연현상이다. 그런데 우리가 바라는 것은 찬란한 노후를 향유하는 것이다. 8,90, 100세가 되어도 계속 자기 분야에서 충분히 전문성을 인정받는 사람이 되자는 것이다.

그럼 어떻게 정신력이 계속 상향되게 할 수 있을까? 아래 그림과 같이 대뇌에 새로운 자극을 주는 것이다. 의도적으로 대뇌에 새로운 자극장치를 하면 정신력은 하향하지 않고 계속 상승한다. 즉 다시 새로운 것을 배우거나 새로운 일을 하여 대뇌에다 새로운 자극을 주는 정신활동을 계속하면, 늙어서 세상을 떠날 때까지 정신력이 도로 올라간다.

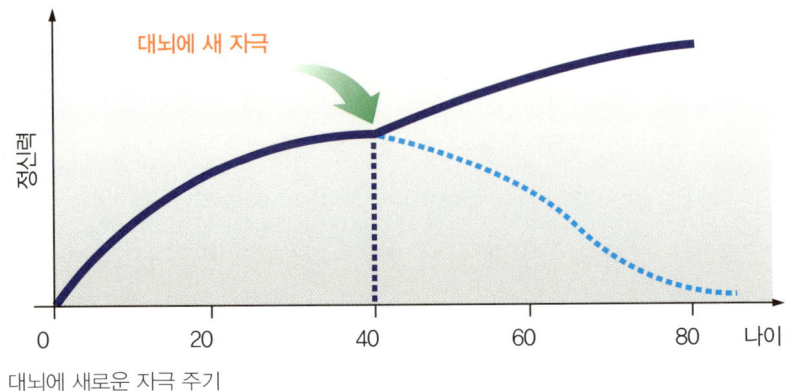

대뇌에 새로운 자극 주기

　뇌 과학자들의 최근 연구에 의하면 나이가 들어도 매일 700개 정도의 뇌세포가 생성되고(조선일보 20130611), 뇌 지도는 타고난 대로 있는 것이 아니라 계속 바뀐다. 그래서 우리의 가치를 일생 높여 갈 수 있다. 자동이라고 해서 가만히 있어도 저절로 가치가 올라가는 것은 아니다. 반드시 스스로 노력해야 된다. 그 노력이 바로 그림처럼 계속 대뇌에 자극을 주고 받아들여 실천하는 것이다.

　그것은 우리의 뇌세포가 가진 가소성 때문에 가능하다.(한태영 역, 넘치는 뇌) 두뇌의 가소성이란 의도적으로 배우고 잘 하려는 노력을 하면 나이가 들어도 효과가 있는 성질이다. 가만히 두면 퇴화되지만 활용하는 한 더 발달하는 이점이 있다. 사람에게 주어진 이 가소성이 정말로 고맙다.

　그러니까 사람의 성장과정은 일생 계속되게 하는 것이 가장 바람직하다. 즉 학교에 다니는 동안만 공부를 하거나, 직장에서 일할 때만 공부를 한다는 것은 늙기를 자초하는 것이다. 그러므로 중요한 것은 40이 아니라 아무리 늙어도 계속 성장하는 습관이나 역량을 젊을 때부터 계속 해야 한다는 것이다. 청소년 청년기 장년기는 말할 것도 없고 노년기까지 계속 자신을 성장시킬 타력을 형성해야 된다. 그래서 늦어도 40에는 정신력 하향에 대비하는 것이 좋다. 삶은 일생 자신의 커넥톰을 더 바람직하게 변화시키는 것이다. 기억력이나 사고기능 등은 계속 향상된다.

노 스승의 권유

200자 원고지 10만매가 넘는 금속공학 대계를 쓰신 공학박사 박희선님은 일본 유학을 두 차례나 하신 분이다. 이분이 50대에 학문적 깊이와 실용성을 더하기 위해 일본에 다시 공부하러 가서, 참선을 더 다듬기 위해 수련을 갔더니, 연로하신 스승님께서 이런 말씀을 하셨다고 한다.

"인간은 태어나 40세까지는 수학(修學)기이고, 40세부터 70까지는 시련기이며, 70부터 100까지는 꽃의 시기이고, 100세부터라야 열매를 따는 인생의 결실기요"라고! 대단한 의미를 가진 말씀이다. 적어도 70세까지는 어느 날 긴장을 풀 수 없을 정도로 사람을 생각하게 한다. 한국 사람은 수태 후 10개월, 태어나서 19년째라야 사람이 된다. 대체로 20대 말에서 30대 초에 결혼을 하면 자식들 키우고 직장생활을 하다가, 50대 말이나 60대 중반까지는 거의 은퇴를 한다. 그 후는 소일하거나 자영업을 시작하여 노익장을 과시하는 분들도 있지만, 마지못해 살고 있는 분들도 있다.

그러나 우리는 100세를 준비하고 그 이후를 대비한다면 좀 이상하게 본다. 이미 80년대 말에서 90년대 초되면서 예견하기는 2015년경이면 사람의 평균수명을 120세까지 연장시킬 수 있다고

사람은 100세가 아니라 영원히 존재

했으므로, 그냥 웃고 넘길 것은 아니다. 따라서 좀 성급한 것 같지만, 적어도 30대 말이나 40대 초에는 60대 이후를 대비해야 한다. 또 대비한다는 것도 대체로 경제적인 측면만 생각하는 경우가 많은데, 늙어서 돈만 있다고 인생이 다 해결되거나 사는 맛을 느끼는 것도 아니다.

　　그냥 동물들이야 먹을 것만 있으면 되지만, 사람은 여러 가지의 균형이 맞아야 행복감을 갖는다. 이 책이 필요한 것도 인생 최후에 아주 만족스럽게 보내기 위한 준비를 하자는 것이다.

　　즐겁고 보람 있는 노후를 맞으려면 돈은 물론, 최소한의 필수사항도 준비해야 된다. 태중에 아기를 키우는 엄마는 아기를 보기전에 옷도 사고 여러 도구와 비품을 챙기며 설레는 마음으로 기다린다. 우리가 노후를 맞는 것도 같다. 누구나 예외 없이 반드시 맞을 노후를 준비해야 된다.

　　어떤 분들은 명주를 사다가 수의를 곱게 지어놓고 자신이 들

늙을수록 더 가치 있도록 계속 영글어야

어갈 묘 터까지 잡아 놓고 기다리는 사람도 있다. 그러나 그보다 더 중요한 것이 많이 있다. 모든 것의 기반이 되는 것을 여기서 찾아 대비하도록 하자.

꿈에 집중하고 새로운 시도를 한다!

내가 살면서 귀하게 얻은 것, 다른 사람들에게 교훈이 될 만한 경험을 써서 남기고, 새 일을 시작해야 된다. 구슬이 서 말이라도 꿰어야 보배란 말이 있듯이, 사람의 삶은 누구나 다 독특하고 다른 사람에게 도움이 될 것이 많다. 그냥 버리지 말고 부지런히 기록해두면 그것은 보배다.

명상, 독서, 토론을 통해 치매를 예방하자

은퇴자들이 가장 두려워하는 것 중 하나가 지적 능력의 상실이다. 몸을 안 움직이고 있으면 둔해지는 것과 똑 같다. 이런 비극을 피하는 가장 좋은 방법은 새로운 화제와 관심거리를 찾아, 두뇌를 활발히 움직여 주면 된다. 머리를 써야 뇌 기능이 활성화되어 오랫동안 건강한 능력을 유지할 수 있다. 반드시 미래를 설계하는 새로운 시간과 기회를 만들어야 된다. 원래 은퇴(retire)란 영어의 의미는 타이어를 다시 끼우거나 바꿔 끼우는 것과 같은 의미다. 은퇴자들이 지력을 예리하게 갈고 닦기 위해 두 번째로 많이 사용하는 도구가 바로 독서다.

서예가는 맑은 정신으로 장수

　　미국사람들은 글쓰기를 생각하는 능력이라고 한다.(Writing ability is thinking ability.) 어떤 주제든지 그냥 쓰고 싶은 것을, 옛 사람들 말대로 그냥 붓 가는 대로 쓰면 된다. 처음에는 겨우 몇 문장을 쓰지만 좀 계속하면 여러 쪽을 쓰게 된다. 계속 하면 상상도 못했던 신기한 생각들이 쏟아진다.

잠재력 되살리기

　　나이든 사람에 관한 고정관념을 엎어버리자! 지금까지 실제로 그렇기도 하지만, 노인에 대한 수많은 고정관념과 착각들이 넘쳐나고 있다. 노인은 사회적 비용만 증가시키는 폐물이 아님을 증명해야 된다. 그러면 더 아름다워지고 당연히 잠재력도 더 살아난다.

바빠야 된다!

　　바쁘게 지낸다는 것은 성공적인 노후를 맞을 가능성을 그만큼 높인다. 많은 연구 결과가 이런 상관관계를 언급하고 있다. 그렇다면 우리가 할 수 있는 것은 무엇인가? 어떻게 하면 바쁘고 가치 있게 지낼까? 어떻게 하면 삶에 계속 적극적으로 참여할 수 있을까? 내가 금방 해야 할 일이 없으면 일을 만든다. 자원봉사 활동이나 남에게 베푸는 활동에 관심을 갖는다. 시간제 일, 새로운 사업 착수, 새로운 것 배우기, 여행 즐기기 등, 어느 하나를 택할 수도 있고, 형편이 되면 만족스런 경험들을 여러 개 묶어 즐길 수도 있다. 다른 사람들과 접촉을 넓힐수록 바쁘게 살 수 있는 기회가 더 많아진다. 그러니까 백수가 과로사 한다.

공자가 보증하는 삶

참 묘한 것은 현대과학이 "지속적 노력이 정신력을 향상 시킨다"는 사실을 증명하기 전, 이미 수천 년 전에 공자가 실천하면서 삶으로 증명하였다. 논어의 기록을 보면 다음과 같다.

"15세에 학문에 뜻을 두고 정진했더니, 서른에는 예(禮)에 바르게 섰고, 마흔에는 세상사에 미혹되지 않았으며(四十而不惑; 사십이 불혹), 쉰에는 하늘이 이 땅에 자신을 보낸 목적을 알았고(五十而知天命; 오십이 지천명), 예순에는 그 목적에 순응하여(六十而耳順; 육십이 이순) 살다보니, 일흔이 되니까 자신의 마음속에서 하고 싶은 대로 다 행동해도 윤리나 도덕이나 법규에 저촉됨이 없더라(七十而 從心所欲 不踰矩; 칠십이 종심소욕 불유구)"는 것이다.

이 얼마나 장쾌하고 멋있으며 아름다운 삶인가? 다른 것은 다 두고 70세가 되니까 "자신이 하고 싶은 것을 다 해도(종심소욕;從心所欲) 어떤 규제에도 안 걸렸다(불유구;不踰矩)"니 이게 바로 도사다! 그 현상이 바로 위의 그림이다. 공자의 생과 심리학자들의 주장을 표

스트레스 없이 선한 일에 바쁜 사람들은 건강해

시한 것이다. 저절로 되는 게 아니라 계속 노력해서 되었다

여기서 아주 강조해야 할 것이 있다. 앞에서 일본의 노스승이 하신 말씀이 "70부터 인생의 꽃의 시기가 된다"는 말씀이다. 분명 이분도 노망의 말씀을 하신 것은 절대 아니다. 40까지 열심히 공부를 하고, 그 후 30년 간 그것을 실천하며 일 하느라고 온갖 시련을 다 겪은 후에야, 겨우 꽃을 피우는 시기라니, 감히 일찍 배우기를 중단할 수는 없다.

이미 수 천 년 전에 실천하신 공자님의 증거와, 현대과학이 제시하는 주장과, 일본의 노스승이 하신 말씀을 종합하면, 우리는 100세가 넘어 열매를 딸 때도 열심히 뇌 활동을 계속해서 우리의 가치를 최대화하고, 가장 높은 점에 왔을 때 우래 같은 박수를 받으면서 영원한 쉼으로 가자는 것이 이 책의 권유다.

경영의 대가 드러커도 예외는 아니었다. 그는 1999년에 쓴 21세기의 경영도전에서 "행복하고 만족한 노후를 보내려면 늦어도 40대부터 노후에 할 일을 시작하여, 정상적인 근로생활을 끝낸 후

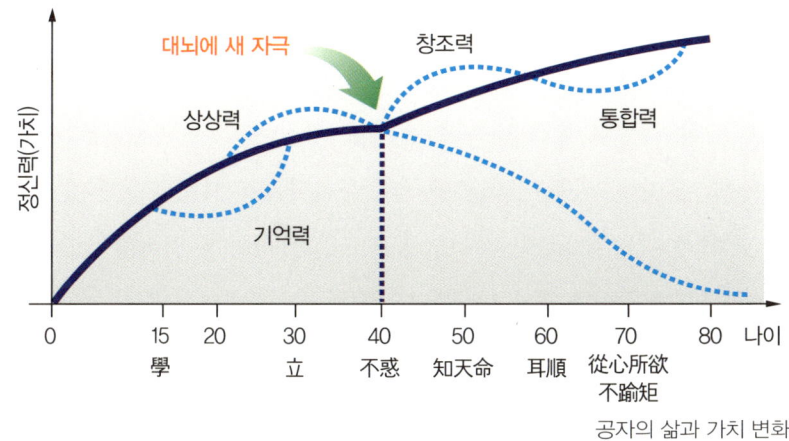

공자의 삶과 가치 변화

에 자연스럽게 연결되어, 말년을 보람되게 보낼 수 있도록 준비하라"고 간곡히 타일렀다. 아름답고 즐우며 신나는 노년을 위해 지금부터 준비하자. 그것이 인생이다!

공자처럼, 드러커의 당부처럼 늙어도 계속 배워 가치를 높이자! 97세까지 산 첼로의 거장 파블로 카잘스는 "선생님은 역사상 가장 위대한 첼리스트이신데, 아직도 하루 여섯 시간씩이나 연습하시는 이유가 무엇입니까?"라는 기자의 질문에, "나는 지금도 연습을 통해 조금씩 발전하고 있습니다!"라고 했다. 96세에 세상을 떠난 드러커도 타계 직전까지 집필을 계속했는데, "아직도 공부하시냐?"는 질문에 "인간은 호기심을 잃는 순간 늙는다!"는 말을 남겼다.

미래의 기술을 알고 대응하자

세상이 정말 빨리 변하고, 한국은 가장 빨리 변하는 나라이기 때문에, 우리는 더욱 미래를 연구해야 한다. 미래는 오기를 기다리는 것이 아니라, 창조하거나 발명하고 만들어가는 것이다. 토마스 프레이는 미래가 현재를 만든다고 했다. 즉 미래의 모습에 따라 현재의 삶이 달라지기 때문에 그 말이 맞다. 하여간 미래를 예측해서 대응하거나, 설정하고 이루거나 하므로 그 미래가 현재를 결정하는 것은 맞다. 온 사람136 매뉴얼 전체는 반드시 매뉴얼 실천 후의 모습을 확실하게 그려놓고 그리로 향하게 했다.

변화가 느리고 사람들이 그냥 기다리던 옛날에는 미래가 인간에게 다가오는 것이었지만, 이제는 사람이 비를 오게 할 수도 있는 등, 일부 자연현상까지도 바꾸는 수준이 되기 때문에, 확실히 미래를 창조할 수 있다고 해도 된다. 인간의 능력이 증대되어 미래를 발명하고 변화시킬 수 있다.

가까운 2020이나 2030년경은 어떤 세상이 될지 유엔 미래보고서 2030(박영숙 외, 유엔 미래보고서)에서 압축하여 살펴본다. 여기에 있는 것들은 대체로 개인 입장에서는 선행요인에 해당하는 것이므로 그로 인한 후행요인을 자신의 분야에서 찾아 활용하는 것이 좋다.

- 신경과학자들이 컴퓨터 단층촬영(CT)과 자기공명영상(MRI) 기술로, 사람이 행동할 때 뇌 속의 혈액흐름을 알아내고, 사람의 행동을 예측하는 기술을 개발했다. 즉, 뇌에서 어떤 신호를 받아서 다리

근육이 반응하는지를 알아내어, 같은 원리로 보철장치를 상용화한다. 이제 전신마비의 사람도 생각으로 움직일 수 있다.

• 미래의 자동차는 수송보다는 전력생산이 더 커진다고 한다. 자동차가 주차되어 있는 동안, 주변의 바이오 가스나 수소를 전기로 전환하고 저장하는 자동차 연료전지를 개발하여, 자동차가 생산하는 에너지만큼 돈을 절약하게 된다. 자율운행 자동차도 까무러칠 정도로 많은 변화를 가져온다.

• 완벽하게 개발된 신기술로 낮은 지구궤도에 상업용 관광우주선을 띄워, 단 시간에 우주공간을 다녀오는 우주관광 프로그램이 유행한다. 이미 예약자가 줄을 섰다고 한다.

• 수많은 일자리가 사라지고 대신 더 많은 새 일이 생기므로, 실업을 이기려면 새 일에 적응할 수 있도록 스스로 끝없이 역량을 개발해야 된다.

지천인 풀과 우거진 숲에서 바이오 에너지 생산해야

또 지속적으로 일할 수 있도록 창조적 사고로 일거리를 만들어야 된다. 남이 못하거나 싫어하는 일을 해주는 것이 바람직하다는 제안도 있다.

- 클라우드 컴퓨팅이 더욱 더 지능화되어, 데이터 저장을 넘어 사람의 지능역할을 하여, 매일 각종 상황을 분석해주고 집단지성의 콘텐츠조합을 통해 자문을 제공한다. 일례로 가족의 건강상태를 분석하여 체력단련 목표를 설정하고 차트를 작성해주며, 가족이 선호하는 음식 추천과 주간 메뉴를 디자인 해준다.

- 경기침체, 지하수 고갈, 식량과 에너지 수요상승, 인구증가, 자원고갈, 기후변화, 테러, 재해 등으로 향후 10–20년 안에 지구는 상당한 불안에 빠진다. 이를 예방하려면 신기술 개발과 복합적 전략으로 대응해야 된다.
  대표적 신기술은 "녹색 나노기술 제조, 의료와 에너지 분야의 합성생물학, 인간지능향상 프로그램, 건축물과 건축자재에서 에너지를 생산하는 건축기술, 미세조류, 해수농업, 전기자동차, 배양육 등이며, 여기에 투자해서 지속가능한 세계를 만들 수 있다.

- 이미 3D 프린터로 개인이 직접 자신이 설계한 제품을 만드는 수준이 되었다. 사람들은 이기(利器)를 흉기로 악용하는 경향이 있어서, 이 편리한 제조기술로 대량살상이 가능한 생화학무기를 만들어 배포할 수 있게 되어 인류에 큰 위협이 될 수 있으므로, 높은 수준의 윤리와 도덕으로 무장해야 된다. 이태리에서는 44시간에 자동차를 만들었고, 중국 회사는 하루에 집 10채를 지었는데, 한 채당 단돈 5,000달러로 지었다고 한다.

창조해야 생존

- 과학기술의 지속적인 발전은 모든 것을 변화시키므로, 미래에 대한 희망의 지도조차 바꾸고 있다. 합성생물학은 DNA를 조합해서 새로운 생명체를 만들 수 있으며, 값싼 바이오연료를 생산할 수 있게 하고, 의료기술의 혁신을 포함해, 나노봇(나노크기의 로봇)이 나노규모의 블록으로 완전히 새로운 합성소재와 구조를 만들어서, 지금은 상상도 할 수 없는 것들이 가능한 사회를 만든다. 신의 입자라는 힉스의 발견으로, 힉스와 기본입자들의 상호작용을 통해, 다른 입자들에 질량을 부여하여 에너지의 대량생산도 가능하게 된다.

- 주위의 "소음과 바람과 잡초와 잡목들의 바이오 에너지를 전력으로 바꾸는 기술"이 개발되고 있다. 뉴욕 주립대학교 물리학자 수라지트 센 교수는 도로와 공항의 활주로에서 발생하는 소음이나 진동을 에너지로 사용하는 방법을 연구하고 있다.

- 인류가 배출하는 이산화탄소는 연간 약 495톤이나, 자연은 그 절반 정

도만 흡수한다. 따라서 환경오염이 자연의 자정능력으로는 회복이 어려울 정도로 빠르게 진행되고 있다. 향후 점차 더 심각해지는 환경오염에 대비해 복원작업을 따로 해야 된다.

미세한 것에 관심

• 사람은 신체적으로 초고정밀 전자동이나, 삶을 위한 의사결정에는 시간을 요하는 경우가 많다. 빠르게 변하는 시대에 최선의 선택을 최단시간에 하려면, 개인은 물론 조직이나 국가 수준에서는 빅 데이터 처리시스템을 활용한 기계의 도움을 받아야 될 것이다. 여기에 이은 후행 요인을 찾아 대응하는 것은 개인 몫이다!

또 다른 측면의 예측

인류는 불확실한 미래에 대비하는 것이 삶이다. 그 두려움을 극복하기 위해 무속 신앙과 다양한 종교들이 나타나고, 점성술과 사주팔자 등으로 미래를 예측하려 한다. 드디어 미래에 대해 좀 더 정확한 예측을 하려고 미래학이 태동했다. 미래학은 과거의 사이클과 각종 과학적인 데이터를 근거로 미래를 예측하는데, 최근에는 빅 데이터를 비롯한 다양한 시뮬레이션으로 미래에 대한 예측이 더 정확해진다.

배우면 실직 없어

    다빈치연구소 소장인 토마스 프레이는 구글이 선정한 세계 최고의 미래학자다. 그가 KBS에서 가까운 미래에 대한 전망을 압축 소개한 것은 미래에 대한 또 다른 접근을 하고 있다. 미래가 현재를 만든다는 관점을 제시하면서, 수많은 변화가 일어날 것이며, 자동화 때문에 2030년까지 20억 개의 일자리가 사라진다고 보았다.

    유엔미래보고서 2040에 보면 기존의 일자리 80%가 소멸되고, 기존의 일자리 1개당 온라인이나 미래 산업 분야에서 일자리가 2.6개나 더 생겨날 것이라니 오히려 기대가 크다. 자동화가 이뤄지면서 사람의 노력이 기하급수적으로 감소하지만, 반대로 사람의 역량은 기하급수적으로 증가한다는 것이 관심사다. 지금의 컴퓨터 환경도 그렇지만, 사물 인터넷, 자동화, 드론, 3D프린팅 등으로 인간은 더 적은 노력으로 쉽고 빠르게, 더 많은 것을 할 수 있게 된다고 본다.

    또 그는 제로변칙이란 모델로, 발생하는 어떤 사건에 대한 근

일의 종류는 점점 더 많아진다

원을 파악하고, 초기에 변화의 움직임을 감지하는 개념으로 사용하고 있다. 예를 들어, 태풍이나 해일 등이 발생하거나 변화를 일으키는 시기는 위성이나 센서, 사물인터넷 기술을 활용하여 아주 초기 단계에서 감지할 수 있다. 이 개념을 확장하여 건강과 질병 문제도 해결하고, 경제 및 환경 문제 등 각종 위험 요소를 사전에 발견해 이를 막는 선제적인 행동에도 적용될 수 있다고 예측하고 있다.

프레이는 미래에도 인간이 할 일은 여전히 많을 것이며, 다음 세대의 일자리가 미래 산업에서 생겨날 것이라고 확신한다. 그는 혁신적인 변화와 발전된 기술을 바탕으로 미래 산업을 뒤흔들 분야로 소프트웨어와 3D 프린터, 무인자동차, 드론 등을 꼽는다.

사물인터넷은 이미 상당히 혁신적인 형태로 세상에 하나 둘씩 모습을 드러내고 있다. 스마트 우산은 현관 앞에 두면 자동으로 날씨를 예측하여, 비가 예상되면 손잡이 부분에서 불빛을 발생시켜 우산을 잊지 않고 챙기도록 유도한다. 스마트 커피 메이커는 주인이 아침에 일어나 기계에 손을 얹으면 개인의 컨디션에 따른 최적

나는 비틀거렸고,
함께 걸어주는 이가 그리웠다.

세상이 유지되는 한 일은 계속 생긴다!

의 카페인과 설탕의 함량을 자동으로 계산하여 커피를 제조한다. 평소에는 시계 형태지만, 펼치면 스마트폰으로 조종되는 드론으로 변신하는 드론 카메라도 이미 상용화되고 있다.

　　3D 프린터는 가장 많은 산업의 격변을 일으킬 것으로 예측되는 시장이다. 3D프린터는 개개인의 특성에 맞는 차별화 된 제품들을 만들 수 있다. 그는 3D 프린터 기술이 보청기나 신발, 의류 등에 보편적으로 적용될 것으로 보고 있다. 3D 프린팅 기술은 곧 조립라인과 건설 산업 전체를 대체함은 물론, 위험하거나 더러운 작업은 로봇이 전담하므로 사람들은 순전히 창조 작업으로 눈을 돌려야 된다. 모든 의약품을 3D 프린팅으로 제조하는 것이 가능하고, 심장 및 담낭 등 인간의 장기를 줄기세포를 이용해 프린트하는 날도 곧 온다. 최근에는 미 항공우주국이 3D 프린터를 이용한 음식제조 연구에 동참했다. 더 이상 우주비행사들이 우주에서 우주식을 먹지 않고, 3D 프린터를 이용해 지구상에서 즐길 수 있는 다양한 식단을 즐

곧 과일도 찍어내는 때가 온다

길 수 있게 될 날도 금방 온다. 이미 피자나 쿠키 다양한 케이크 등을 아주 별나게 만들어 내는 기계도 나왔다.

실제로 3D 프린터가 많은 산업들을 와해시킨다. 그 분야는 보석과 의류, 음식, 주택, 의료, 유통, 건설 분야 등과 모든 조립라인을 대체한다. 정말 수많은 일자리를 없애지만, 당연히 생기는 것도 많다. 그가 예측하는 3D프린팅 기술의 발전이 만들어 낼 미래의 직업은 3D 프린터 소재 전문가, 3D 프린터 비용 산정 전문가, 3D 프린터 잉크 개발자, 3D 프린팅 패션 디자이너, 3D 음식 프린터 요리사, 신체 장기 에이전트 등이다.

드론 역시 혁신적인 기술이다. 최근에는 아마존이 배송 서비스에 활용하겠다고 하며, 특히 농업에서 농약살포 용으로 드론을 이용한다. 응급 구조 상황에 투입되는 구조용 드론, 사건 사고의 빠른 취재를 위해 파견하는 방송국의 취재용 드론 등도 가능하다.

이같이 드론을 전 세계의 와이파이와 연결하는 것은 곧 대중화 된다. 토마스 프레이는 드론 기술의 발전이 드론 분류전문가, 드론 조종인증 전문가, 환경오염 최소화 전문가, 악영향 최소화 전문가, 드론 표준전문가, 드론 도킹설계자와 엔지니어 등 새 직업을 만들어 낼 것으로 봤다.

　자율주행 무인자동차는 모양과 성능은 물론 대중교통시스템을 통째로 바꿀 것이며, 자동차는 이동연구실이나 사무실은 물론 유흥장이 되기도 한다. 운전면허증이 없는 사람들도 자동차여행을 즐기고, 교통사고도 거의 없을 수 있다. 그러다 보니 무인자동차기술이 수많은 비즈니스모델을 만들어낼 것으로 예상한다. 그가 예측하는 무인자동차관련 직종은 "교통모니터링 시스템 플래너, 자동교통건축가 및 엔지니어, 무인 시승체험 디자이너, 무인 운영시스템 엔지니어, 응급 상황처리대원, 교통 수요전문가 등이다.

　토마스 프레이가 보는 2030년은, 사람들이 3D프린팅 옷을 입고, 3D프린팅 주택에 살면서, 드론으로 택배를 받고, 한 대 이상의

생화와 조화를 구분하기 어려운 때

고성능 로봇을 소유한다. 사람들의 학습량이 오늘날보다 3배 정도 높아질 것이며, 성취 능력은 10배 이상이나 될 것으로 본다. 사물인 터넷이 개인 소유 네트워크를 형성해, 물건을 잃어버리거나 절도 당하는 일은 없어진다.

가까운 미래가 유래 없이 많은 기회를 주면서, 동시에 위험 요 인도 기하급수적으로 증가시키므로 대비해야 된다. 인류는 향후 20 년 동안 역사상 가장 큰 변화를 겪을 것이므로, 확실히 많은 기회가 주어진다. 그러나 대비하는 사람만 누릴 수 있다. 따라서 기회를 생 각하고 전문 분야를 찾아야 된다. 어떻든 미래는 현재의 삶이 만들 기 때문에 기대하고 준비하는 것이 즐거운 미래를 보장한다. 더욱 유의할 것은 인공지능이 수많은 노동자를 대신할 가능성이 크다는 것이다. 이미 기자, 교수, 비서, 변호사, 의사, 전문판매원 등 논리 적 지적인 일까지 인공지능이 차지하려한다. 심지어 인공지능의 저 작권까지 인정한다는 말도 있다.

노익장 사례

위험을 무릅쓰고 산에 오르고, 자신의 주머니를 털어서 봉사 활동을 하며, 노인이 폐품을 주워 기부를 한다. 집에 가만히 계시면 몸도 편하고 자식들 걱정시키지 않아서 좋을 텐데, 왜 몸도 성치 않은 분이 추운 날 나가서 어린이 등하교길 돕는다고 저러시느냐고, 아들 딸 며느리들이 아무리 성화를 부려도 아랑곳하지 않고, 오늘도 정 할아버지는 약간 구부러진 허리로 자신의 키보다 큰 노랑 기를 들고 애들을 살핀다. 노망도 구걸도 반항도 아니다. 그냥 학생들 안전에 필요하고 할아버지가 살아가는 이유다.

통계청에 따르면 노인(65세 이상) 취업자 비율은 1994년 28.5%에서 2008년 34.5%로 계속 증가하는 추세다. 은퇴 후에도 계속 일하려는 사람들이 많아지는 것은 자연스러운 현상이다. 오히려 생기 있고 건전한 사회라고 볼 수 있다. 은퇴 후 일은 어떤 것이 많은가?

마슬로가 주장하는 인간의 욕구 5단계 중 최고수준의 것이 바로 자아실현 욕구로, 창조와 성취를 달성하는 것이다. 은퇴 후 직업 선택의 기준에는 이런 경우가 많다. 은퇴 후 일자리가 가장 높은 단계의 욕구인 자아실현 욕구를 충족할 수 있어야 은퇴 후 삶의 만족도를 높일 수 있다.

따라서 사회공헌과 취미 등을 가미한 일자리를 갖는 경향이 많다. 한 은퇴자는 다니던 회사에서 높은 보수를 받을 수 있는 일을 제안 받았지만 이를 거절했다고 한다. 그는 평생 수입을 위해 하던 일보다 보수는 적지만 삶의 만족을 느낄 수 있는 일이 더 하고 싶었다. 항상 성장 발달하며 계속 창조하여 자기가치를 높여 좋다!

사람의 욕구는 한이 없다는 게 왜 그런가? 물리학의 설명으로는 욕구가 에너지 파동이기 때문에 그냥 머물러 있을 수가 없다. 누구나 우주에서 유일한 전문가니까, 사회에 유익한 기여를 하려면 계속 성장 발달하여야 하고, 계속 창조하면서 자신의 독특한 가치를 높여가야 하는 것은 너무나 당연하다. 또 생명체의 기본 특성이 항상 성장 발달하는 것이므로, 사람의 창조하는 특성을 합하면, 사람은 살수록 가치가 더 높아지는 것이 바람직하다. 삶의 경험이나 여러 전문성이 계속 축적되고 숙달될수록, 우주에서 유일한 전문성은 항상 더 나아진다.

사람이 초고정밀 전 자동이기 때문에 가만히 있어도 저절로 창조되고 가치가 올라가는 것은 본능에서만 가능하다. 특별한 가치를 만드는 창조활동은 반드시 별도의 의도적인 노력을 계속해야 된다. 60대의 음악가가 매일 6시간씩 악기 연습을 하는 것도 그 때문이다. 자기분야에서 새로운 것을 배우기도 하지만 만들어내기도 해야 된다.

사람의 삶에 대해 가장 바른 길을 제시한 바이블은 나이가 많다고 은퇴하거나 쉬라기보다 죽는 날까지 일해야 된다고 했다. 유진 피터슨이란 사람

지적 축적이 생명 (문화재청)

이 번역한 책에는 사람에게 "너는 평생토록 수고하여 일해야 할 것이다. 너는 죽어서 흙으로 돌아가는 그날까지 새벽부터 저녁까지 땀 흘리며 들에서 씨를 뿌리고 밭을 갈고 수고해야만 양식을 얻을 수 있을 것이다."고 했다.(창3:19) 그리고 후성유전학자들이나 신경과학자들은 사람이 스스로 "나이 들어 늙었다고 인정하지 않고, 부지런히 일하는 한 몸이나 뇌가 늙지도 않고 훨씬 더 좋아질 수 있다"고 한다.

그러니 늙어 죽을 때까지 계속 가치를 높일 수 있고 당연히 그래야 된다. 이런 주장은 양자의학이 말하는 "사람의 생각이 병을 생기게도 하지만 낫게도 한다와, 사람의 생각이 강하고 확실하면 그대로 된다!"는 것과도 일치한다.

최근 사람들의 입에 많이 오르내리는 말 중 하나가 고령화 사회나 노인복지 등이다. 그런데 그것은 노인을 생산력이 없거나 질병 등으로 사회적 비용만 보기 때문이다. 보통으로는 70년 이상 쓴 기계가 멀쩡할 이도 없고, 설령 멀쩡하다고 해도 이미 모델이 구형이거나, 기능의 버전이 최신의 것과 호환이 안 되어 쓸모없을 수도 있다. 그렇다고 사람에게도 동일한 패러다임을 적용하면 그것은 너무 한심한 생각이다.

물론 신체(Hardware)가 기본이겠지만 사람의 가치는 오히

사람은 고령자가 도사

려 정신과 정서와 영성에 있다. 한국에도 90대에 정정하게 일하는 분들이 있고, 미국에도 있으며, 역사 속에도 많이 있었다. 드러커도 94세까지 책을 쓰고, 95세에 돌아가셨다. 2012년 조사에 보면 일본에는 별 일이 있었다.

"최고령 만화가 야나세 다카시 91세, 최고령 커피 전문점 주인 세키구치 이치로 96세, 최고령 피아니스트 무로이 마야코 89세, 최고령 양조 기술자 츠구에다 유이치 84세, 최고령 만담가 가츠라 요네마루 85세, 최고령 파일럿 다카하시 준 88세, 최고령 스키어 다카하시 이와오 93세, 최고령 DJ 안도 노부오 90세, 최고령 바텐더 야마자키 다츠로 90세, 최고령 성악가 가노 아이코 103세 등"이었다.

그 외 세계적으로 유명한 역사적 인물도 참 많다. 한국의 한경직 목사, 정주영 회장, 현존하신 금속공학자며 참선지도자 박희선 박사도 95세가 넘었다. 미켈란젤로는 시스티나 성당 벽화를 90세 완성하셨다. 폴란드의 작곡가며 피아니스트요 총리인 파테레프스키는 70세에 독주회를 했고, 베르디는 오셀로를 80세에, 아베마리

매년 개체수를 늘리는 오리들

아를 85세에 작곡했다니 놀랍다! 미국의 부자 벤더빌트는 70세에 상선 1백 척으로 사업을 시작해서 83세 사망했는데 그 때는 무려 1만 척이나 되었다. 괴테는 파우스트를 60년간 집필해서 80세 완성했고, 리버맨은 81세에 그림공부를 시작해 단 10주 공부 후 101세에 22번째 개인전을 열었다니 할 말이 없을 정도다.

절대 은퇴하지 말자! 절대! 그게 자연법칙이다.

마지막 모습을 그려놓고 살자!

왜 최종모습을 먼저 그려야 되나?

김상운이 쓴 "마음을 비우면 이루어지는 것들"에는 양자물리학이 증명한 여러 사실들을 많이 모아뒀다. 그 중에는 이미 오래 전에 살다 간 전문가들을 상상하여, 지금 나를 그들과 일치시켜 갑자기 그들처럼 되게 하는 기법도 있다. 그 한 예가 러시아의 심리학자 블라디미르 라이코프 박사의 실험내용이다.

그는 27세의 한 기술자에게 최면을 건 뒤 말했다. "나는 렘브란트라고 상상해 보세요." 그런 다음 기술자에게 눈을 뜨게 한 뒤 그림을 그려보도록 했다. 두 사람 모두 자신의 눈을 의심했다. 그림을 전혀 몰랐던 기술자가 돌연 렘브란트 뺨치게 그림을 그려놓았다. 더욱 놀라운 건 시간이 지나도 그림 솜씨가 줄지 않았다는 것이었다. 이처럼 자신이 이미 오래 전에 죽은 천재라고 상상하면 실제로 그 천재성이 자신에게 나타나는 현상을 라이코프 효과라고 했다. 라이코프 박사는 이런 방법으로 이미 4,000명이 넘는 범재들을 천재적인 음악가, 화가, 디자이너 등으로 길러냈다.

이 원리는 지구에 살았던 모든 사람의 영혼과 그 영혼들이 지넜던 정보가 우주에 저장되어 있다는 것이다. 따라서 깊은 상상을 통해 나는 베토벤이라고 생각하면 실제로 베토벤의 영혼이 지닌 정보를 만나게 된다는 것이다. 자신이 되고 싶거나 닮고 싶은 대상을 분명하게 정하고 그의 특성을 깊이 상상하면 우주에 축적된 그의 특성을 내가 고스란히 받을 수 있다는 주장이다. 이것은 내가 형성한 파동을 발사하여 그것을 끌어오는 것이다. 그래서 가장 먼저 누구의 무엇을 끌어올 것인지, 어떤 대상인가를 먼저 확정해야 된다. 이처럼 소원을 이룰 때도 동일하다. 진실로 원하는 참 모습을 확실하게 하는 작업이다.

여자들이 화장을 할 때는 아무리 급해도 중간에 고치고 다시 하는 경우가 있다. 시간도 없고 화장품도 아껴야 될 텐데 왜 지우고 다시 할까? 이는 자신이 바라는 원래의 모습이 안 나오기 때문이다. 만약에 이때도 자신이 나타내고자하는 원 모습을 그려놓지 않으면, 아무리 거울을 들여다봐도 제대로 되었는지 아닌지 알 수 없다. 즉 자신의 얼굴에 대한 확실한 이미지를 머리에 그리고 있어야 그 모습을 구현할 수 있다.

취업면접을 갈 때도 그 마지막 모습을 확실하게 그려놓고

최종모습 없으면 불가

그렇게 되도록 준비하고 과정을 실천해야 설정한 그 모습대로 합격이 된다. 분명한 모습이 없거나 대답을 제대로 못하는 모습을 그리고 있으면 반드시 불합격한다. 굳이 이런 실수를 자청할 필요는 없다. 면접하는 사람이 완전히 매혹되어 감동하는 모습을 그리고 가야 좋은 결과를 얻는다.

세상의 모든 빌딩이나 교량이나 엔지니어링 시설에는 다 설계도가 있다. 어떤 때는 건물이나 각종 시설의 설계도 값이 건설비의 20%에 육박하는 경우도 있다. 기능이 탁월한 제품도 유사하다. 사람의 손을 거쳐 만들어진 모든 기계류 등도 설계도가 있다. 그런데 이 설계도가 처음에는 그것을 그리는 사람의 머리에서 나온다. 그 모습이 생각에 없으면 설계를 못한다.

최종모습 먼저(문화재청)

이런 생각의 틀은 사람들이 무슨 일을 할 때 항상 적용하는 모형이다. 먼저 이루거나 달성하거나 또는 되고 싶은 최종모습을 명확하게 해두고 거기에 도달되도록 일을 전개한다.

세계적인 한국의 전자회사가 크게 히트할 제품을 시장에 내어놓는 과정은 우리의 일상에도 적용할만하다. 그 과정을 크게 나누면,

"상품을 기획하고, 디자인한 후, 시제품을 개발하고, 그것을 생산할 재료를 구매하고, 생산시설을 준비한 후, 대량 생산"으로 들어간다.

미립자들이 상위 단위로 진화활동을 할 때 준수하는 원리원칙과 같다. 상품을 기획하고 디자인하고 설계하는 이런 과정들은 바로 최종적으로 이루고자 하는 것을 구체화하는 것이다. 그래야 대박을 터뜨릴 상품이 개발된다.

나의 비문, 조사(弔辭), 유언 쓰기

비문은 후손이 써주고, 조사는 친구나 후배들이 해주지만, 유언은 내가 직접 쓴다. 그런데 더 알찬 삶을 위해 이 셋을 다 본인이 직접 써두고 그렇게 살자. 이것을 위해 돈을 많이 쓰거나 거창한 학벌이나 고도의 기술을 요하는 것도 아니다. 그냥 보통의 진심이 있으면 된다. "나는 이렇게 살면서 이런 기여를 한 후, 자손이나 후배들이 내게 이런 삶을 살았다고 인정해주기를 바라는 것"만 있으면 된다.

일단 내가 잠을 설칠 정도로 좋아하거나 하고 싶고 이루고 싶은 것이 있으면 된다. 아무리 몰입해도 싫증 안 나고 지치지도 않는 것이면 된다. 신문이나 잡지에서도 항상 눈에 확 들어오는 것, 서점에 가도 주로 살피는 분야, 혹시 생명이 3년이나 1년만 남았다면 반드시 이루거나 하고 싶은 것이 있으면 좋다. 자신의 삶에서 가장 애착이 가고, 자식들이 비문에다 "00으로 사회에 크게 기여하신 분"이라고 써주기를 바라는 것이면 더 좋다. 내가 세상을 떠난 뒤에 나를 아는 사람들이 "그 사람은 00의 전문가로 알려졌는데!"라며 아쉬워할 것이면 된다.

그렇다고 온 세상이 떠들썩할 정도로 거창한 것 아니라도 된다. 그냥 단 몇 사람에게 필요한 것이라도 좋은 면으로 사용되면 된다. 오로지 나만이 할 수 있는 것이라면 더욱 좋다. 그런 경우는 틀림없이 그것 때문에 이 땅에 보내진 사람이므로 정말로 뿌듯하고 복된 경우다. 세상에 나와 같은 사람은 아무도 없다. 그러므로 잘 보면 "나는 이 때문에 이 땅에 태어났구나!"하는 것을 반드시 찾을 수 있다. 그럼 늙어죽을 때까지 오로지 그 일에 매달리면 살맛도 나고 늘 젊음을 유지할 수 있다. 이렇게 몰입분야를 찾고 다음 단계로 간다.

얼마 전 "수단의 소녀와 독수리"라는 사진 한 장이 뉴욕 타임즈에 의해 전 세계에 전해져, 전쟁과 기아에 대해 그 어떤 감동적인 스토리보다 더 강한 충격을 주었다. 시체를 뜯어먹는 아프리카 독수리가 굶어 죽어가는 소녀의 등 뒤에서 아이가 완전히 스러지기를 기다리고 노려보는 이 광경을 보는 순간, 이 사진작가는 고국 남아공에 있는 자기 딸을 생각하고 가슴이 미어졌다고 했다. 그는 비통함을 삼키면서 차분하게 카메라를 설치하고 자기가 원하는 장면을 촬영한 뒤, 독수리를 쫓아내고 소녀를 구조했다. 불과 20여분 동안 그는 한 인간으로서 말 할 수 없는 고통을 겪었다.

1972년 6월 어느 날, 세계의 눈을 부끄럽게 한, 한 소녀의 사

이 사진이 일본을 누른다

진이 있었다. 남베트남해방 민족전선과 미-월 연합군간의 치열한 지상전이 벌어졌던 마을에서, 목숨을 건 취재활동을 하던 AP통신 소속 분쟁지역 담당 닉(Nick)이 촬영한 것이었다. 사진은 불바다가 된 마을에서 두 동생을 잃은 9살 소녀가 전신에 화상을 입고, 발가벗은 채로 뛰어오는 것을 정면에서 찍은 것이었다. 차마 바로 보기가 민망했다. 닉은 소녀를 급히 병원으로 데려가 그를 살렸고, 소녀는 성인이 되어 반전평화운동을 펼치고 있다. 그 사진이 전쟁을 급히 중단시키는데 큰 기여를 했다.

이 두 장의 사진이 내용은 다르지만 모두 생명을 살린 사진이며, 두 생명보다는 훨씬 더 많은 사람을 살리기도 했지만, 전쟁의 참혹함과 기아의 비참함을 그 어떤 것보다도 더 강하게 호소한 것이었다. 역사를 바꾼 작품들 속에는 진실의 순간들뿐 아니라, 작가의 생명을 내 놓을만한 위험을 이긴 뜨거운 열정과 사랑이 담겨있다.

그런데 이런 기적이 일어난 출발점은 두 작가의 머리에 있었던 분명한 이미지였다. 그것을 사진으로 구현하여 전 세계를 감동

행주산에 있는 전승 기념관 현판

시켰다. 그들의 머리에 그런 모습이 없었으면 결코 그런 감동의 물결도 전쟁의 종식도 평화도 없었다. 사람들이 불행을 느낄 때는 왜 살아야하는지, 즉 인생의 의미와 목적을 모를 때이고, 행복을 느낄 때는 사는 목적과 이유를 깨달을 때라고 한다. 그러나 단순히 인생의 의미와 목적을 깨달았다고 행복이 저절로 보장되는 것은 아니다. 정말 행복한 사람은 목숨을 걸만한 것이 있는 사람이다. 자신의 생명을 바칠 만큼 사랑할만한 것이 있을 때 행복하다.

늙어 죽을 때까지 계속 가치를 향상시키려는 인생도 마찬가지다. 목숨 걸만한 일에 집중해야 된다. 그래야 창조할 수 있고 그래야 가치가 향상되며, 그래서 행복해진다. 그 마지막 모습을 아름답게 그려두고 이루자! 좋은 생각은 세상을 바꾸는 힘이 있다!

권태기 이기기(한계효용 체감의 법칙과 엔트로피 극복)

사람의 욕구는 한이 없다. 이게 자연법칙이다. 그래서 사람에게는 아무리 좋은 것을 줘도 일정 기간이 지나면 반드시 싫증을 내고 다른 것을 요구한다. 모든 사람은 어떤 것에든 반드시 권태기를 갖는다. 그리고 반드시 새것이나 다른 자극을 요구한다. 만약에 전혀 그렇지 않다면, 즉 어떤 것에도 싫증도 안 내고 새로운 것을 요구하지도 않으며 항상 그것에 만족한다면 그는 성자이거나 바보 중 하나라고 단정할 수도 있다. 왜 그럴까?

우선 욕구에 한이 없다는 것은 사람의 생각은 에너지 파동이기 때문에 그렇다. 이 특성은 계속 퍼져나가거나 모락모락 피어난다. 아무리 생각하지 않으려 해도 자제하기가 어렵다. 때로는 나타내지 않고 속으로만 갖고 있어서 그럴 뿐이지 반드시 더 나은 것을 요구한다. 생명체의 성장 발달 특성과 퍼지는 성질인 에너지 파동이라 그렇다.

다음은 엔트로피 법칙의 적용을 받기 때문에 다 싫증을 내기 마련이다. 그러니까 미스코리아와 결혼한 사람도 얼마 안 가서 싫증을 낸다. 아무리 미남과 결혼을 해도 동일하다. 권태기가 온다. 그것이 반드시 쓸모가 없고 가치가 없어지기 때문이다. 다른 경우도 조심해야 되지만 특히 결혼한 부부가 가장 조심할 것이 바로 반드시 오는 권태기 극복이다. 엔트로피 법칙과 한계효용 체감의 법칙에 의해 반드시 서로 뜨거운 감정이 식어지고 오히려 싫증을 느끼는 때가 온다. 그 때는 어느 한 편이 달라진 것이 아니라 바로 내가 변한 것임을 알고 속히 회복되도록 의도적인 노력을 해야 된다.

행복한 가정 아름다운 가정은 자연적으로 생기는 것이 아니며 바로 상호 아낌없는 의도적 노력으로 만들어진다.

배고플 때 만두나 빵을 먹어보면 처음 것이 가장 맛이 있고 차츰 맛이 덜해진다. 입대한 아들이 첫 휴가 때는 맨발로 뛰어나가 맞지만 다섯 번째는 방안에 앉아서 "너 또 왔니?"로 끝난다. 이게 왜 그럴까? 차츰 그 맛이나 매력이나 기쁨이 줄어들기 때문이다. 이를 한계효용체감의 법칙이라고 한다. 무엇이든 다 이 법칙의 영향을 받는다. 그래서 반드시 권태기가 오므로 그 때는 역시 의도적으로 노력해서 극복해야 된다.

엔트로피 법칙도 동일하다. 다 가치 없어지고 다 쓸 모 없어지며 다 무질서가 되고 해이해진다. 그래서 초심으로 돌아가자고 한다. 계속 초심으로 돌아가서 새롭게 결심을 다져야 싫증이 나지 않는다. 여기서 중요하게 착안할 것이 있다. 즉 우리가 가지고 있는

단풍이 고와도 엔트로피 영향

다 갖춘 분

모든 전문성에서도 반드시 이런 현상이 있으므로 나의 것이 가치가 없어지기 전에 보완해야 된다.

예를 들어 나의 경쟁력이나 전문성이 150cm 깊이의 물통에 가득 찬 상태인데 이것을 사용하면 조금씩 줄어든다. 양적으로 줄어드는 것이 아니라 가치나 유효성이 조금씩 떨어질 수 있단 말이다. 그게 매월 20cm씩 줄어든다면 불과 7개월에 바닥나고 만다. 그러면 나의 경쟁력이나 전문성이 계속 유지되게 하려면 반드시 항상 보충해야 된다. 이것이 자연법칙이다.

사람이 늙고, 옷이 닳으며, 탱크 가득 넣었던 연료가 일정 거리를 달리고 나면 바닥나는 것과 같다. 그래서 바닥나기 전에 연료를 넣어야 되고, 가치가 떨어지기 전에 더해야 되며, 매력이 없어지기 전에 더해야 된다. 계속 잘 나가는 사람은 늘 새것을 충족시키는 사람이다.

그렇기 때문에 항상 유지되어야 할 모습을 그려두고 늘 그렇게 되도록 보충하거나 필요한 조치를 해야 된다. 마지막 모습을 그려두고 그것을 유지한다는 것은 정말 효과적인 방법이다.

인생은 의미(DANIEL PINK)

　　1942년 초겨울 비엔나의 오스트리아 당국이 수백 명의 유대인을 채포했는데 젊은 정신의학자 프랭클(Viktor Frankl)도 잡혔다. 그때 그는 심리적 웰빙의 새 이론을 개발하고 있어서, 자기분야에서 뜨는 인물이었다. 그와 아내는 일제검거를 예측하고 그의 이론에 대해 저술하던 원고를 포함해 가장 중요한 소지품을 보관하느라 애를 먹었다. 아내는 원고를 남편 코트 내피에 바늘로 꿰맸지만 불행하게도 그것을 잃어버렸다.

　　그리고 3년에 걸쳐 아유슈비츠와 다카우 수용소를 전전하며, 아내와 형제와 어머니와 아버지가 가스실에서 스러져 갈 때, 프랭클은 노트를 찢어 도난당한 원고의 내용을 다시 쓰고 있었다. 다행히 살아남은 그는, 그 후 연합군이 수용소를 해방한 1년 후인 1946년에, 구겨진 노트 조각에 깨알처럼 박힌 원고로 책을 썼다. 그 책

삶은 의미

청소년들에게 문화공간을 제공하는 집

이 바로 20세기에 가장 강력하고 장기 간 유명했던 "사람의 의미탐색" 기초였다.

그는 그 책에서 몸이 부셔지는 강제노동과 잔인한 독일 경계병들의 학대와 배고픔에 처하면서도, 남들처럼 죽지 않고 참을 수 있었던 것은, "자신이 체포되기 전에 시작한 이론을 정교화 하는 작업 때문"이라고 했다. 그는 사람의 제일 관심은 쾌락을 얻거나 고통을 피하는 것이 아니라, 삶에서 의미를 찾는 것이라고 주장했다.

프랭클은 다른 사람들이 상상할 수도 없이 무시무시한 수용소의 환경에서도, 의미와 목적을 찾느라고 전력을 다 했다. 의미 탐색은 우리 모두의 속에 있는 추진력이며 외부의 환경과 내부의 의지가 결합되면 표면으로 나타난다. "의미가 우리의 일과 삶의 중심이 되고 있다. 확실히 의미추구는 단순한 과제는 아니다. 요리책을 요리의 비법과 함께 살 수 없는 것과 같다. 일에서 의미를 찾으면 젊어지고 활력이 넘친다!"

그 의미가 그 무서운 수용소에서 프랭클을 살린 것처럼, 우리가 살 활력을 주므로 감사하다. 삶은 의미 찾기다. 우리나라의 독립을 위해 수많은 사람들이 순국하고 옥고를 치르며 말할 수 없는 구박을 당했다. 그러나 그분들은 다 기꺼이 그 고통들을 감수했다. 국가의 독립과 국민의 고귀한 자유를 회복하려는 희생을 오히려 달게 받았다.

뿐만 아니라 우리나라에 천주교와 기독교가 들어올 때도 수 백 명의 순교자들이 생겼다. 그들도 다 선하고 복된 소

더할 수 없는 의미 주신 유관순(문화재청)

식을 전한다는 숭고한 사명을 감당한다는 의미 때문에 무참히 죽음을 당했다. 한국의 개화기에 학교와 병원을 짓고, 6.25사변 후 가난하고 무지한 백성들을 일깨우고, 수많은 고아들을 돌본 선교사들의 희생도 사실은 계산이 불가능할 정도로 크고 값지다. 이들의 고통과 기여를 우리가 잊을 수도 없고 잊어서도 안 된다.

이처럼 삶은 의미다. 가족을 사랑하고 조직에 충성하며, 오로지 자신의 일에 의미를 찾느라고 몰입하여 고생을 참고 무엇을 성취시키는 사람들은 지금도 많이 있다. 어쩌면 모든 사람의 참된 삶은 다 의미를 추구하느라고 고통을 자청하는지도 모른다.

지금도 순직하는 소방관들이나, 각종 작업장에서 안전사고로 숨지는 사람들은 물론, 과중한 업무로 인해 과로사하는 분들도 많다. 그들은 다 그 자리에서 조직이나 사회와 국가에 기여한다는 의

탄자니아에 무료 급식소를 짓는 현미쌀 빵집

미 때문에 고통도 희생도 순직도 즐기며, 오히려 충성도를 더 높여 가고 있다. 아이는 사랑을 먹고 살지만 어른은 의미를 먹고 산다고 해도 과언이 아니다.

닫는 글

- 절절히 감사하며 살자!
- 대박도 거부도 과학이다.
- 은밀한 비밀을 알라!
- 퇴로가 차단된 인생이다.
- 하나로 연결된 우주에 산다.
- 지속적으로 가치를 창조하자!
- 마지막 모습을 그려두고 그렇게 살자!

내 것은 아무 것도 없으면서도 모든 것을 누리고 사니까 절절히 감사하자. 대박도 거부도 다 과학이므로 누구나 적용하면 대박도 나고 거부도 된다. 은밀한 비밀은 자연과 사람에게 많이 숨겨져 있다. 그것을 알고 실천하면 인생은 엄청 재밌다.

인생은 퇴로가 끝나는 게 아니라 영원히 계속된다. 세상과 우주에 좋은 것을 남겨서 점점 더 좋아지게 하자. 하나로 연결된 우주에서 내게 주어진 책임과 나의 사명을 다 하여 나와 모두를 사랑하며 살자. 그래야 모두가 행복해진다. 지속적으로 나의 가치를 향상시켜 사회와 국가와 우주에 더 기여하자. 그리고 마지막 모습을 아름답게 그려두고 꼭 그렇게 살자!

남은 사람들이 이별을 아쉬워하면서도 내가 만들거나 기여한 가치로 만족하도록 기여하고 후배들이 많이 누리도록 남겨두고 가야 세상은 점점 더 좋아진다. 나는 세상에 기여한 사람이어야 된다!

꿈꾸는 소년

온 사람136-7 지속적 가치향상

자기 가치 계속 높이기
절대 은퇴하지 마

발 행 2016년 6월 20일

펴낸곳 푸른서울   **펴낸이** 김영훈

저   자 꿈꾸는 소년

기획총괄 구점수   **편   집** 이경준, 김귀숙, 송아람

디자인 김동환, 김보겸   **분해 · 제작** 푸른서울

등   록 제313-2010-161호

주   소 서울시 마포구 월드컵로 12길 (서교동)

문   의 02-3377-808

Copyright©2016 by 황병수 · 푸른서울

ISBN 978-89-94652-18-4